心一堂術數古籍珍本叢刊

書名：《千里命譚》附《增訂命學講義》
系列：心一堂術數古籍珍本叢刊　星命類　第三輯　305
作者：韋千里
主編、責任編輯：陳劍聰
心一堂術數古籍珍本叢刊編校小組：陳劍聰　素聞　鄒偉才　虛白盧主　丁鑫華

出版：心一堂有限公司
通訊地址：香港九龍旺角彌敦道六一〇號荷李活商業中心十八樓〇五—〇六室
深港讀者服務中心・中國深圳市羅湖區立新路六號羅湖商業大廈負一層〇〇八室
電話號碼：(852)9027-7110
網址：publish.sunyata.cc
電郵：sunyatabook@gmail.com
網店：http://book.sunyata.cc
淘寶店地址：https://sunyata.taobao.com
微店地址：https://weidian.com/s/1212826297
臉書：https://www.facebook.com/sunyatabook
讀者論壇：http://bbs.sunyata.cc/

版次：二零二零年十一月初版
平裝

定價：港幣　　一百三十八元正
　　　新台幣　五百六十元正

國際書號：ISBN 978-988-8583-48-5

香港發行：香港聯合書刊物流有限公司
地址：香港新界大埔汀麗路36號中華商務印刷大廈3樓
電話號碼：(852)2150-2100
傳真號碼：(852)2407-3062
電郵：info@suplogistics.com.hk

台灣發行：秀威資訊科技股份有限公司
地址：台灣台北市內湖區瑞光路七十六巷六十五號一樓
電話號碼：+886-2-2796-3638
傳真號碼：+886-2-2796-1377
網絡書店：www.bodbooks.com.tw
台灣秀威書店讀者服務中心：
地址：台灣台北市中山區松江路二〇九號一樓
電話號碼：+886-2-2518-0207
傳真號碼：+886-2-2518-0778
網絡書店：http://www.govbooks.com.tw

中國大陸發行　零售：深圳心一堂文化傳播有限公司
深圳地址：深圳市羅湖區立新路六號羅湖商業大廈負一層〇〇八室
電話號碼：(86)0755-82224934

心一堂微店二維碼

心一堂淘寶店二維碼

心一堂術數古籍 珍本 整理 叢刊 總序

術數定義

術數，大概可謂以「推算（推演）、預測人（個人、群體、國家等）、事、物、自然現象、時間、空間方位等規律及氣數，並或通過種種『方術』，從而達致趨吉避凶或某種特定目的」之知識體系和方法。

術數類別

我國術數的內容類別，歷代不盡相同，例如《漢書．藝文志》中載，漢代術數有六類：天文、曆譜、五行、蓍龜、雜占、形法。至清代《四庫全書》，術數類則有：數學、占候、相宅相墓、占卜、命書、相書、陰陽五行、雜技術等，其他如《後漢書．方術部》、《藝文類聚．方術部》、《太平御覽．方術部》等，對於術數的分類，皆有差異。古代多把天文、曆譜、及部分數學均歸入術數類，而民間流行亦視傳統醫學作為術數的一環；此外，有些術數與宗教中的方術亦往往難以分開。現代民間則常將各種術數歸納為五大類別：命、卜、相、醫、山，通稱「五術」。

本叢刊在《四庫全書》的分類基礎上，將術數分為九大類別：占筮、星命、相術、堪輿、選擇、三式、讖諱、理數（陰陽五行）、雜術（其他）。而未收天文、曆譜、算術、宗教方術、醫學。

術數思想與發展——從術到學，乃至合道

我國術數是由上古的占星、卜筮、形法等術發展下來的。其中卜筮之術，是歷經夏商周三代而通過「龜卜、蓍筮」得出卜（筮）辭的一種預測（吉凶成敗）術，之後歸納並結集成書，此即現傳之《易

經》。經過春秋戰國至秦漢之際，受到當時諸子百家的影響、儒家的推祟，遂有《易傳》等的出現，原本是卜筮術書的《易經》，被提升及解讀成有包涵「天地之道（理）」之學。因此，《易・繫辭傳》曰：「易與天地準，故能彌綸天地之道。」

漢代以後，易學中的陰陽學說，與五行、九宮、干支、氣運、災變、律曆、卦氣、讖緯、天人感應說等相結合，形成易學中象數系統。而其他原與《易經》本來沒有關係的術數，如占星、形法、選擇，亦漸漸以易理（象數學說）為依歸。《四庫全書・易類小序》云：「術數之興，多在秦漢以後。要其旨，不出乎陰陽五行，生尅制化。實皆《易》之支派，傅以雜說耳。」至此，術數可謂已由「術」發展成「學」。

及至宋代，術數理論與理學中的河圖洛書、太極圖、邵雍先天之學及皇極經世等學說給合，通過術數以演繹理學中「天地中有一太極，萬物中各有一太極」（《朱子語類》）的思想。術數理論不單已發展至十分成熟，而且也從其學理中衍生一些新的方法或理論，如《梅花易數》、《河洛理數》等。

在傳統上，術數功能往往不止於僅僅作為趨吉避凶的方術，及「能彌綸天地之道」的學問，亦有其「修心養性」的功能，「與道合一」（修道）的內涵。《素問・上古天真論》：「上古之人，其知道者，法於陰陽，和於術數。」數之意義，不單是外在的算數、歷數、氣數，而是與理學中同等的「道」、「理」--心性的功能，北宋理氣家邵雍對此多有發揮：「聖人之心，是亦數也」、「萬化萬事生乎心」、「心為太極」。《觀物外篇》：「先天之學，心法也。……蓋天地萬物之理，盡在其中矣，心一而不分，則能應萬物。」反過來說，宋代的術數理論，受到當時理學、佛道及宋易影響，認為心性本質上是等同天地之太極。天地萬物氣數規律，能通過內觀自心而有所感知，即是內心也已具備有術數的推演及預測、感知能力；相傳是邵雍所創之《梅花易數》，便是在這樣的背景下誕生。

《易・文言傳》已有「積善之家，必有餘慶；積不善之家，必有餘殃」之說，至漢代流行的災變說及讖緯說，我國數千年來都認為天災，異常天象（自然現象），皆與一國或一地的施政者失德有關；下至家族、個人之盛衰，也都與一族一人之德行修養有關。因此，我國術數中除了吉凶盛衰理數之外，人心的德行修養，也是趨吉避凶的一個關鍵因素。

術數與宗教、修道

在這種思想之下，我國術數不單只是附屬於巫術或宗教行為的方術，又往往是一種宗教的修煉手段--通過術數，以知陰陽，乃至合陰陽（道）。「其知道者，法於陰陽，和於術數。」例如，「奇門遁甲」術中，即分為「術奇門」與「法奇門」兩大類。「法奇門」中有大量道教中符籙、手印、存想、內煉的內容，是道教內丹外法的一種重要外法修煉體系。甚至在雷法一系的修煉上，亦大量應用了術數內容。此外，相術、堪輿術中也有修煉望氣（氣的形狀、顏色）的方法；堪輿家除了選擇陰陽宅之吉凶外，也有道教中選擇適合修道環境（法、財、侶、地中的地）的方法，以至通過堪輿術觀察天地山川陰陽之氣，亦成為領悟陰陽金丹大道的一途。

易學體系以外的術數與的少數民族的術數

我國術數中，也有不用或不全用易理作為其理論依據的，如揚雄的《太玄》、司馬光的《潛虛》。也有一些占卜法、雜術不屬於《易經》系統，不過對後世影響較少而已。

外來宗教及少數民族中也有不少雖受漢文化影響（如陰陽、五行、二十八宿等學說。）但仍自成系統的術數，如古代的西夏、突厥、吐魯番等占卜及星占術，藏族中有多種藏傳佛教占卜術、苯教占卜術、擇吉術、推命術、相術等；北方少數民族有薩滿教占卜術；不少少數民族如水族、白族、布朗族、佤族、彝族、苗族等，皆有占雞（卦）草卜、雞蛋卜等術，納西族的占星術、占卜術，彝族畢摩的推命術、占卜術……等等，都是屬於《易經》體系以外的術數。相對上，外國傳入的術數以及其理論，對我國術數影響更大。

曆法、推步術與外來術數的影響

我國的術數與曆法的關係非常緊密。早期的術數中，很多是利用星宿或星宿組合的位置（如某星在某州或某宮某度）付予某種吉凶意義，并據之以推演，例如歲星（木星）、月將（某月太陽所躔之宮次）等。不過，由於不同的古代曆法推步的誤差及歲差的問題，若干年後，其術數所用之星辰的位置，已與真實星辰的位置不一樣了；此如歲星（木星），早期的曆法及術數以十二年為一周期（以應地支），與木星真實周期十一點八六年，每幾十年便錯一宮。後來術家又設一「太歲」的假想星體來解決，是歲星運行的相反，週期亦剛好是十二年。而術數中的神煞，很多即是根據太歲的位置而定。又如六壬術中的「月將」，原是立春節氣後太陽躔娵訾之次而稱作「登明亥將」，至宋代，因歲差的關係，要到雨水節氣後太陽才躔娵訾之次，當時沈括提出了修正，但明清時六壬術中「月將」仍然沿用宋代沈括修正的起法沒有再修正。

由於以真實星象周期的推步術是非常繁複，而且古代星象推步術本身亦有不少誤差，大多數術數除依曆書保留了太陽（節氣）、太陰（月相）的簡單宮次計算外，漸漸形成根據干支、日月等的各自起例，以起出其他具有不同含義的眾多假想星象及神煞系統。唐宋以後，我國絕大部分術數都主要沿用這一系統，也出現了不少完全脫離真實星象的術數，如《子平術》、《紫微斗數》、《鐵版神數》等。後來就連一些利用真實星辰位置的術數，如《七政四餘術》及選擇法中的《天星選擇》，也已與假想星象及神煞混合而使用了。

隨着古代外國曆（推步）、術數的傳入，如唐代傳入的印度曆法及術數，元代傳入的回回曆等，其中我國占星術便吸收了印度占星術中羅睺星、計都星等而形成四餘星，又通過阿拉伯占星術而吸收了其中來自希臘、巴比倫占星術的黃道十二宮、四大（四元素）學說（地、水、火、風），並與我國傳統的二十八宿、五行說、神煞系統並存而形成《七政四餘術》。此外，一些術數中的北斗星名，不用我國傳統的星名：天樞、天璇、天璣、天權、玉衡、開陽、搖光，而是使用來自印度梵文所譯的：貪狼、巨門、祿存、文曲，廉貞、武曲、破軍等，此明顯是受到唐代從印度傳入的曆法及占星術所影響。如星命術中的《紫微斗數》及堪輿術中的《撼龍經》等文獻中，其星皆用印度譯名。及至清初《時憲曆》，置閏之法則改用西法「定氣」。清代以後的術數，又作過不少的調整。

此外，我國相術中的面相術、手相術，唐宋之際受印度相術影響頗大，至民國初年，又通過翻譯歐西、日本的相術書籍而大量吸收歐西相術的內容，形成了現代我國坊間流行的新式相術。

陰陽學——術數在古代、官方管理及外國的影響

術數在古代社會中一直扮演着一個非常重要的角色，影響層面不單只是某一階層、某一職業、某一年齡的人，而是上自帝王，下至普通百姓，從出生到死亡，不論是生活上的小事如洗髮、出行等，大事如建房、入伙、出兵等，從個人、家族以至國家，從天文、氣象、地理到人事、軍事，從民俗、學術到宗教，都離不開術數的應用。我國最晚在唐代開始，已把以上術數之學，稱作陰陽（學），行術數者稱陰陽人。（敦煌文書、斯四三二七唐《師師漫語話》：「以下說陰陽人謾語話」，此說法後來傳入日本，今日本人稱行術數者為「陰陽師」）。一直到了清末，欽天監中負責陰陽術數的官員中，以及民間術數之士，仍名陰陽生。

古代政府的中欽天監（司天監），除了負責天文、曆法、輿地之外，亦精通其他如星占、選擇、堪輿等術數，除在皇室人員及朝庭中應用外，也定期頒行日書、修定術數，使民間對於天文、日曆用事吉凶及使用其他術數時，有所依從。

我國古代政府對官方及民間陰陽學及陰陽官員，從其內容、人員的選拔、培訓、認證、考核、律法監管等，都有制度。至明清兩代，其制度更為完善、嚴格。

宋代官學之中，課程中已有陰陽學及其考試的內容。（宋徽宗崇寧三年〔一一零四年〕崇寧算學令：「諸學生習……並曆算、三式、天文書。」「諸試……三式即射覆及預占三日陰陽風雨。天文即預

定一月或一季分野災祥，並以依經備草合問為通。」

金代司天臺，從民間「草澤人」（即民間習術數人士）考試選拔：「其試之制，以《宣明曆》試推步，及《婚書》、《地理新書》試合婚、安葬，並《易》筮法，六壬課、三命、五星之術。」（《金史》卷五十一・志第三十二・選舉一）

元代為進一步加強官方陰陽學對民間的影響、管理、控制及培育，除沿襲宋代、金代在司天監掌管陰陽學及中央的官學陰陽學課程之外，更在地方上增設陰陽學課程（《元史・選舉志一》：「世祖至元二十八年夏六月始置諸路陰陽學。」）地方上也設陰陽學教授員，培育及管轄地方陰陽人。（《元史・選舉志一》：「（元仁宗）延祐初，令陰陽人依儒醫例，於路、府、州設教授員，凡陰陽人皆管轄之，而上屬於太史焉。」）自此，民間的陰陽術士（陰陽人），被納入官方的管轄之下。

至明清兩代，陰陽學制度更為完善。中央欽天監掌管陰陽學，明代地方縣設陰陽學正術，各州設陰陽學典術，各縣設陰陽學訓術。陰陽人從地方陰陽學肄業或被選拔出來後，再送到欽天監考試。（《大明會典》卷二二三：「凡天下府州縣舉到陰陽人堪任正術等官者，俱從吏部送（欽天監），考中，送回選用；不中者發回原籍為民，原保官吏治罪。」）清代大致沿用明制，凡陰陽術數之流，悉歸中央欽天監及地方陰陽官員管理、培訓、認證。至今尚有「紹興府陰陽印」、「東光縣陰陽學記」等明代銅印，及某某縣某某之清代陰陽執照等傳世。

清代欽天監漏刻科對官員要求甚為嚴格。《大清會典》「國子監」規定：「凡算學之教，設肄業生。滿洲十有二人，蒙古、漢軍各六人，於各旗官學內考取。漢十有二人，於舉人、貢監生童內考取。附學生二十四人，由欽天監選送。教以天文演算法諸書，五年學業有成，舉人引見以欽天監博士用，貢監生童以天文生補用。」學生在官學肄業、貢監生肄業或考得舉人後，經過了五年對天文、算法、陰陽學的學習，其中精通陰陽術數者，會送往漏刻科。而在欽天監供職的官員，《大清會典則例》「欽天監」規定：「本監官生三年考核一次，術業精通者，保題升用。不及者，停其升轉，再加學習。如能黽勉供職，即予開復。仍不及者，降職一等，再令學習三年，能習熟者，准予開復，仍不能者，黜退。」除定期考核以定其升用降職外，《大清律例》中對陰陽術士不準確的推斷（妄言禍福）是要治罪的。《大清律例・一七八・術七・妄言禍福》：「凡陰陽術士，不許於大小文武官員之家妄言禍福，違者杖一百。其依經推算星命卜課，不在禁限。」大小文武官員延請的陰陽術士，自然是以欽天監漏刻科官員或地方陰陽官員為主。

官方陰陽學制度也影響鄰國如朝鮮、日本、越南等地，一直到了民國時期，鄰國仍然沿用着我國的多種術數。而我國的漢族術數，在古代甚至影響遍及西夏、突厥、吐蕃、阿拉伯、印度、東南亞諸國。

術數研究

術數在我國古代社會雖然影響深遠，「是傳統中國理念中的一門科學，從傳統的陰陽、五行、九宮、八卦、河圖、洛書等觀念作大自然的研究。……傳統中國的天文學、數學、煉丹術等，要到上世紀中葉始受世界學者肯定。可是，術數還未受到應得的注意。術數在傳統中國科技史、思想史，文化史、社會史，甚至軍事史都有一定的影響。……更進一步了解術數，我們將更能了解中國歷史的全貌。」（何丙郁《術數、天文與醫學中國科技史的新視野》，香港城市大學中國文化中心。）

可是術數至今一直不受正統學界所重視，加上術家藏秘自珍，又揚言天機不可洩漏，「（術數）乃吾國科學與哲學融貫而成一種學說，數千年來傳衍嬗變，或隱或現，全賴一二有心人為之繼續維繫，賴以不絕，其中確有學術上研究之價值，非徒癡人說夢，荒誕不經之謂也。其所以至今不能在科學中成立一種地位者，實有數因。蓋古代士大夫階級目醫卜星相為九流之學，多恥道之；而發明諸大師又故為惝恍迷離之辭，以待後人探索；間有一二賢者有所發明，亦秘莫如深，既恐洩天地之秘，復恐譏為旁門左道，始終不肯公開研究，成立一有系統說明之書籍，貽之後世。故居今日而欲研究此種學術，實一極困難之事。」（民國徐樂吾《子平真詮評註》，方重審序）

現存的術數古籍，除極少數是唐、宋、元的版本外，絕大多數是明、清兩代的版本。其內容也主要是明、清兩代流行的術數，唐宋或以前的術數及其書籍，大部分均已失傳，只能從史料記載、出土文獻、敦煌遺書中稍窺一鱗半爪。

術數版本

坊間術數古籍版本，大多是晚清書坊之翻刻本及民國書賈之重排本，其中豕亥魚魯，或任意增刪，往往文意全非，以至不能卒讀。現今不論是術數愛好者，還是民俗、史學、社會、文化、版本等學術研究者，要想得一常見術數書籍的善本、原版，已經非常困難，更遑論如稿本、鈔本、孤本等珍稀版本。在文獻不足及缺乏善本的情況下，要想對術數的源流、理法、及其影響，作全面深入的研究，幾不可能。

有見及此，本叢刊編校小組經多年努力及多方協助，在海內外搜羅了二十世紀六十年代以前漢文為主的術數類善本、珍本、鈔本、孤本、稿本、批校本等數百種，精選出其中最佳版本，分別輯入兩個系列：

一、心一堂術數古籍珍本叢刊

二、心一堂術數古籍整理叢刊

前者以最新數碼（數位）技術清理、修復珍本原本的版面，更正明顯的錯訛，部分善本更以原色彩色精印，務求更勝原本。并以每百多種珍本、一百二十冊為一輯，分輯出版，以饗讀者。後者延請、稿約有關專家、學者，以善本、珍本等作底本，參以其他版本，古籍進行審定、校勘、注釋，務求打造一最善版本，方便現代人閱讀、理解、研究等之用。

限於編校小組的水平，版本選擇及考證、文字修正、提要內容等方面，恐有疏漏及舛誤之處，懇請方家不吝指正。

心一堂術數古籍 珍本 整理 叢刊編校小組

二零零九年七月序

二零一四年九月第三次修訂

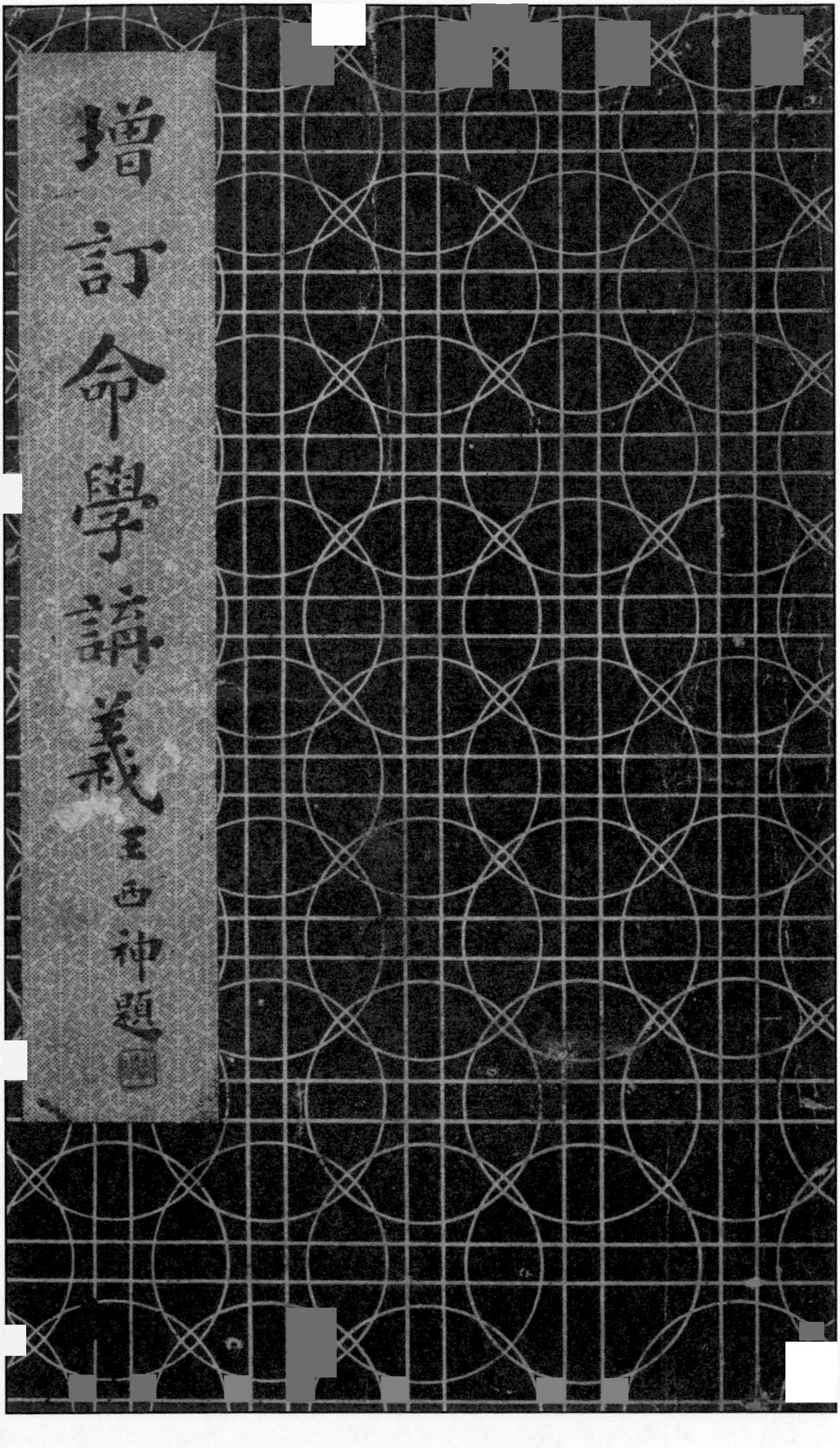
增訂命學講義
王西神題

韋千里小影

韋千里批命潤例

丙子仲冬重訂

僕晚生慕古。愧不能立功德於社會。復不能著嘉言以輓世態。惟幸先君子夙諳命理。居恆爲人決策。談言微中。類多奇驗。僕幼承庭訓。困學而強志之。初猶未知其妙處。逮後茅塞漸開。世務漸識。翻遺著。覽羣書。知古之賢士大夫。未有不窮研命理而力行之。以爲修身之一助者。當茲人心澆薄。世道崎嶇。世人非講求命運。預識趨恐。更危如盲人瞎馬。故不揣譾陋。賣卜於市。以指迷覺路爲己任。惟士無恆產。雖有恆心。祇得薄收潤費。以佐事畜。此僕心雄而力未逮。才疎而志願愛衆焉。知我罪我。希公鑒之。

清談命理	貳圓	全部逐批	卅圓
簡批終身（加批流年二載）	伍圓	乾坤合婚	捌圓
終身細批（加批流年十載）	拾圓	精選吉日	捌圓

外埠委批。銀行或郵匯皆可。七天覆件。寄費另加。收件處上海南京路大慶里韋氏命苑。

楊序

觀夫世界之廣大宇宙之奇妙。人事之渺茫。若可知。若不可知。雖聖人亦不敢以論斷定也。然一春一秋。物故者新。一晝一夜。花開者謝。廢興成毀。盈虛倚伏。大而名利。細而飲啄。默察一切。冥冥中似有定之者。故聖人不敢以論斷定者。今可於中昃盈虧之象。五行生尅之理之中。求之而百不失一焉。余始對於命運。乃深信而不疑。曩歲因事至申。訪韋子千里於其寓。論往指來。不差累黍。且評語簡明透澈。以少勝多。非深於道。明於理。通於儒。洞明乎世事者。弗能也。然余有感焉。江湖術士之流。恆藉此爲生。理既不明。語亦鄙陋。大雅君子。爲之不齒。命理之學。晦而不彰。安得如韋子者作中流之砥柱耶。今韋子學益進。出其餘緒。編印命學講義一書問世。蒙示全稿。雒誦之餘。覺奧邃詳明。批郤導窾。裨補後學。殊非淺尠。余嘗有志於斯。而未能。今又有鞭策之者矣。敢不勉旃。敢不勉旃。詩云。高山仰止。景行行止。雖不能至。心嚮往之。爰書此以歸韋子。其樂而敎之乎。是有命焉。非余所敢望也。

民國二十三年七月。楊叔和於蚌埠大淮報館。

駱序

余於公餘之暇。喜讀命學諸書。凡坊間古籍名著。均先後搜羅。迭經殫心參研。苦無心得。如星平會海。三命通會。滴天髓等書。或博而寡約。或簡奧難明。往復思索。雖略曉其意。終未了然於胸。客歲識鴛湖韋君千里。一見如故。蓋知其秉承家學。精研有素者也。讀其所纂之精選命理約書一書。深佩其註釋精微。闡揚命理之功。不在素庵相國下也。君復以命學之式微。胥由古人說理未透。今歲乃於百忙中編命學講義。以授海內有志斯學者。余因加入研究。先獲其稿。披覽竟日。恍然有悟。昔日之所疑難者。今皆迎刃而解矣。他書中支離瑣屑之點。亦均條分縷晰。舉例闡明。矛盾謬誤之處。則說理指正。允推子平正宗。不僅爲初學者必讀之書。亦可供精究者參攷之籍。書成。將付剞劂。余乃樂爲之序。

甲戌仲秋嘉定駱經畬

顧序

韋子千里。少負奇才。幼承庭訓。家學淵源。挾君平術。爲人權衡。談必微中。與之語世道。辯古今事當否。論人高下。事後當成敗。若河決下流而東注。若駟馬駕輕車就熟路。飽學老成。固非世俗所能望其肩背。且慨慷好義。憂世疾憤。輒嘗論世道崎嶇。人心險詐。魑魅恣慾。魍魎横行。未嘗不嘆息痛恨於挽狂瀾之乏術也。予諷之曰。徒言無補於事。空談不如實行。君抱希世之才。挾君平神技。曷不將命學公開。廣爲宣傳。使人人得知命理。預識趨避之道。權己衡人。兩相裨益。彼魑魅魍魎雖熾。或得稍斂其跡。未始非治標之一法也。我子曷不圖乎。君聞言奮然起曰。誠如子言。余當知所勉矣。乃毅然决然將所學供獻於世人。創辦命學函授於韋氏命苑。未及匝月。成績斐然。國中聞風嚮學者。日必數十起。而筆政冗繁。案牘勞形。雖日以繼夜。案頭常積卷盈尺。漸致精力不繼。輒對之氣沮而興嘆曰。余不勝其勞矣。而欲罷不能者。其奈何可。竊相與憂而莫能相助。於是轉輾焦思。若有所得。卽欣然謂韋子曰。君曷不將函授講義。彙集成册。發行單行本問世。如此則於君可一勞永逸。於學者不啻躬沐教誨。豈非一舉二得者耶。君以爲可。乃夜發書焚膏繼晷。將手編講義。重行邏輯。補苴罅漏。去腐存菁。其間皆根據先哲之立言。參以一己之實驗。提綱摘要。纂言鉤玄。發人所不敢發道人所未曾道。由淺顯而入於深奧。一氣貫通。不愧爲學命梯範。夫韋君年少好學。口不絕吟于六藝之文。手不停披于百家之編。識廣學博著作等身。其生平所述甚宏。具爲精警之碩論。獨於此命學講義尤多焉。行見付梓在即。出版有期、其不紙貴洛陽。不脛而走者。我不信也。

民國二十三年甲戌仲秋季日。顧乃平謹識於淞濱逸廬。

自序

僕之刊行此本也。既非敢為人師。更不欲自矜其術。祇因始重友誼。選編命理約言。繼而電牘頻頒。要求函授。情之所之。欲罷不能。固非始料之所及也。惟自慚少不更事。再以業務冗煩。體力時間。兩有所缺。曾畢謝之而不獲者。反在去歲秋冬及今春之間。要求函授者。日益衆多。甚至梵寺高僧。璇閨名媛。竟不乏人。又經故舊勸喻。僉謂世途險惡。社會苦窳。若使人人知命。審所趨避。則賢愚不肖。朗若明星。亦未始無益於羣衆。能不勉哉。余靜言思之。雖才同夢鳥。識愧雕蟲。而為諸翁敦促。豈敢再辭狂瞽。故於今夏以學命所得。及推命經驗。編成講義。貿然創辦函授。蒙四方人士。聞風來從者。竟達二百餘人之多。超原額一倍。尤覺出人意料外矣。比來忙於改卷評命。精力更瘁。而仍有廣州北平湖南宜昌等處。紛紛來信。要求加入函授。僕正愧一人之精力有限。學問荒疏。惟恐有誤諸君之從學。豈敢再事濫觴。繼思開學以來。月未兩圓。而學命諸君。類多突飛猛進。非潛心研討。而能如是耶。然講義淺顯易解。或亦與有功也。況余既不便拒絕後來之所求者。故為兩全計。其唯以講義付刊。作單行之本。聊以塞責。或者人一以幾十。人十以幾百。普及較易。庶人人知命。雖僕覆瓿之作。不值一觀。然天下人或能稍解命學。得知趨避。則僕心亦慰矣。唯有數點。須聲述者。爰臚舉之。幸希垂察。（一）本書全係僕實驗之談。故書中所敍。有爲古書所載。有爲古書所無者。（二）本書因欲初學者易於了解。故力求淺顯。凡陳言荒僻。及迂迴曲折之論。一概捐除。（三）僕孤陋寡聞。加之本書篇帙不多。祇可導示以命學之門徑。敢云登堂入室乎。欲求精通變化。而詣深造。仍非博覽羣書而不爲功。（四）本書以萬部爲一版。將來逐版修改。以冀精益求精。如蒙　海內大雅。進而教之。尤所歡迎。並當儘量付刊。以餉同好。（五）印刷匆促。錯訛難免。諸祈鑒原。曷勝盼禱。

民國甲戌秋日。浙江嘉興韋千里謹識於滬江寓次。

目次

韋千里經濟批命

震動藝壇　轟傳全國之大發明

內容
(一)五行八字之格局用神(二)一生行運之吉凶(三)流年月建之休咎(四)雜論事業六親(五)答覆各種疑難問題

優點
(一)此項批張。專應外埠。以代當面詳談。且可留一永久紀念。本埠委批。一概謝絕。故爲外埠諸君之獨有權利也。(二)取潤特廉。每造兩元。以符經濟之名(三)格式新穎。批斷詳明。分門別類。應有盡有(四)秉筆直批。無空泛及奉承之言(五)倩人正楷謄錄。并留存稿底。以備日後檢查或討論(六)創行以來。入載於茲。驗跡四起。謝函盈積。

收件處　上海南京路大慶里韋氏命苑。外埠委批。銀行或郵滙皆可。七天覆件。寄費另加。

韋氏命學講義卷一

韋千里編著

起例問答

問　何謂十天干十二地支。

答　甲。乙。丙。丁。戊。己。庚。辛。壬。癸。此爲十天干。子。丑。寅。卯。辰。巳。午。未。申。酉。戌。亥。此爲十二地支。

問　何謂六十花甲子

答　十天干十二地支以次聯貫。卽構成下列六十花甲子。按卽甲子。乙丑。丙寅。丁卯。戊辰。己巳。庚午。辛未。壬申。癸酉。甲戌。乙亥。丙子。丁丑。戊寅。己卯。庚辰。辛巳。壬午。癸未。甲申。乙酉。丙戌。丁亥。戊子。己丑。庚寅。辛卯。壬辰。癸巳。甲午。乙未。丙申。丁酉。戊戌。己亥。庚子。辛丑。壬寅。癸卯。甲辰。乙巳。丙午。丁未。戊申。己酉。庚戌。辛亥。壬子。癸丑。甲寅。乙卯。丙辰。丁巳。戊午。己未。庚申。辛酉。壬戌。癸亥。是也。

問　四柱是否指年柱月柱日柱時柱。

答　然。每柱一干一支。四柱共四干四支。卽俗所謂八字是也。例如

甲子（此年柱也）
丙寅（此月柱也）
乙丑（此日柱也）
己卯（此時柱也）

問　假如今年癸酉。其人三十七歲。何以知其所生之年爲丁酉。

答　此非用推年法不可矣。推年之法多端。干支分推。較爲簡便。詳述如左。

（推所生之年干）必先將其人歲數之零數從今年天干起。逆推至若干位。即以其干。爲生年天干。（歲數若爲整十無零則作十數論）例如三十七歲七爲零數。今年癸酉自癸至丁。逆數適得七位。（癸一壬二辛三庚四己五戊六丁七）即知所生之年天干值丁。

（推所生之年支）必先將其人歲數除十二。視其餘數若干。從今年地支起。逆推至若干位。即以其支。爲生年地支。（若除盡無餘。即作十二數論。）例如三十七歲。除三箇十二。尚餘一數。今年癸酉酉屬第一位。即知所生之年。地支值酉。（合觀上例。可以知爲丁酉年生。即以丁酉兩字。排入年柱可也。）又如四十八歲。除四箇十二。並無餘數。故必須作十二數論。今年癸酉。自酉至戌。逆數適得十二位。（酉一申二未三午四巳五辰六卯七寅八丑九子十亥十一戌十二）即知所生之年地支值戌。又如四十歲。除三箇十二。尚餘四數。今年癸酉。自酉至午。逆數適得四位。（酉一申二未三午四）即知其所生之年地支值午。

問答

如甲子年。自元旦至除夕。是否始終作甲子推算。

未可固定。蓋推年以立春爲標準。其區別有三也。（一）在本年立春後生者。即以本年之干支。排爲年柱。（二）在本年立春前生者。即以上一年之干支。排爲年柱。（三）在本年十二月立春後生者。即以下一年之干支排爲年柱。列例如左。

（例一）假定三十七歲。正月初二日亥時生人。照今年癸酉計算。三十七歲。當爲丁酉。萬年歷載明是年正月初二日戌時立春。是亥時在戌時之後。已過立春。即以本年之干支。丁酉兩字。排爲年柱。

（例二）假定三十七歲正月初二日酉時生人。照今年癸酉計算。三十七歲。當爲丁酉。萬年歷載明是年正月初二日戌時立春。是酉時在戌時之前。猶未立春。應以上一年之干支。丙申兩字。排爲年柱。（丁酉上一年爲丙申）

（例三）假定三十六歲。十二月二十四日巳時生人。照今年癸酉計算。三十六歲。當爲戊戌。萬年歷載明是年十二月二十四日辰時立春。是巳時在辰時之後。已過立春。以下一年之干支。己亥兩字。排爲年柱。（戊戌下一年

為己亥）

問　每年十二月建。是否固定。

答　此誠固定也。正月建寅。二月建卯。三月建辰。四月建巳。五月建午。六月建未。七月建申。八月建酉。九月建戌。十月建亥。十一月建子。十二月建丑。

問　如甲子年正月建寅。固知其為寅月。然何以知其為丙寅月。

答　此非用推月法不可矣。推月之法。先須熟讀歌訣。歌曰。甲己之年丙作首。乙庚之歲戊為頭。丙辛必定尋庚起。丁壬壬位順行流。更有戊癸何方覓。甲寅之上好追求。按甲己之年丙作首。甲年己年之正月。皆為丙寅。二月皆為丁卯。三月皆為戊辰。餘類推。乙庚之歲戊為頭。乙年庚年之正月。皆為戊寅。二月皆為己卯。三月皆為庚辰。餘類推。丙辛必定尋庚起。丙年辛年之正月。皆為庚寅。二月皆為辛卯。三月皆為壬辰。餘類推。丁壬壬位順行流。丁年壬年之正月。皆為壬寅。二月皆為癸卯。三月皆為甲辰。餘類推。更有戊癸何方覓。甲寅之上好追求。戊年癸年之正月。皆為甲寅。二月皆為乙卯。三月皆為丙辰。餘類推。

問　甲年正月為丙寅月。是否由初一日至三十日。均作正月丙寅推算。

答　未可固定。蓋推月以節令為標準。其區別有三也。（一）在本月節令後生者。即以本月所遁干支排為月柱。（二）在本月節令前生者。即以上月所遁干支排為月柱。（三）在本月下一節令生者。即以下月所遁干支排為月柱。

問　十二月節令異同如何。請詳言之。

答　正月立春節。二月驚蟄節。三月清明節。四月立夏節。五月芒種節。六月小暑節。七月立秋節。八月白露節。九月寒露節。十月立冬節。十一月大雪節。十二月小寒節。

（例一）如癸卯年三月初九日卯時生。萬年曆載明是年三月初九日辰時清明。是卯時在辰時之前。猶未清明。（即未進三月節）應以二月所遁干支排為月柱。列式於左。

癸卯（年）
乙卯（月）
（例二）如癸卯年三月初九日辰時生。萬年歷載明是年三月初九日辰時清明。是辰時已交清明。（卽已交三月節）應以三月所遁干支排爲月柱。列式於左。
癸卯（年）
丙辰（月）
（例三）如癸卯年十一月二十日丑時生。萬年歷載明是年十一月二十日丑時小寒。是丑時已交小寒。（卽已進十二月節。）應以十二月所遁干支排爲月柱。列式於左。
癸卯（年）
乙丑（月）
（例四）如癸卯年正月初八日卯時生。萬年歷載明是年正月初八日辰時立春。是卯時在辰時之前。未過立春。（卽未進正月節）不獨癸卯年作壬寅年推。（癸卯上一年爲壬寅）且須以壬寅年十二月所遁干支排爲月柱。（癸卯年正月之上一月。卽壬寅年十二月）列式於左。
癸卯作
壬寅（年）
癸丑（月）
（例五）如癸卯年正月初八日辰時生。萬年歷載明是年正月初八日辰時立春。是辰時已交立春。（卽已進正月節）應以癸卯年正月所遁干支排爲月柱。列式於左。
癸卯（年）

甲寅（月）

（例六）如癸卯年十二月二十日申時生。萬年曆載是年十二月二十日未時立春。是申時在未時之後。已過立春。（即已進下一年之正月節）不獨癸卯年作甲辰年推。（癸卯年下一年爲甲辰）且須以甲辰年正月所遁干支排爲月柱。（癸卯年十二月之下一月。即甲辰年正月）列式於左。

癸卯作
甲辰（年）
丙寅（月）

（例七）如癸卯年十二月二十日午時生。萬年曆載明是年十二月二十日未時立春。是午時在未時之前猶未立春。（即未進下一年之正月節）仍以癸卯十二月所遁干支排爲月柱。列式於左。

癸卯（年）
乙丑（月）。

問　推日之法如何。

答　較推年推月。皆爲簡易。祇須查看萬年曆。即知所生之日。是何干支。例如癸亥年正月初八日生人。是年萬年曆所載。

正月小庚　申（初一日爲庚申）　午（十一日爲庚午）　辰（廿一日爲庚辰）

既知初一日爲庚申。屈指順推。則知初八日應爲丁卯矣。（庚申初一　辛酉初二　壬戌初三　癸亥初四　甲子初五　乙丑初六　丙寅初七　丁卯初八）即以丁卯兩字排爲日柱。列式於左。

癸亥(年)
甲寅(月)
丁卯(日)

問　假如甲子日寅時。何由知其爲丙寅時。

答　此非用推時法不可矣。推時之法。先須熟讀歌訣。歌曰。甲己還加甲。乙庚丙作初。丙辛從戊起。丁壬庚子居。戊癸何方發。壬子是眞途。按甲己還加甲。甲日己日之子時。皆爲甲子。丑時皆爲乙丑。寅時皆爲丙寅。餘類推。乙庚丙作初。乙日庚日之子時。皆爲丙子。丑時皆爲丁丑。寅時皆爲戊寅。餘類推。丙辛從戊起。丙日辛日之子時。皆爲戊子。丑時皆爲己丑。寅時皆爲庚寅。餘類推。丁壬庚子居。丁日壬日之子時。皆爲庚子。丑時皆爲辛丑。寅時皆爲壬寅。餘類推。戊癸何方發。壬子是眞途。戊日癸日之子時。皆爲壬子。丑時皆爲癸丑。寅時皆爲甲寅。餘類推。

問　請述十天干之陰陽。

答　甲丙戊庚壬皆爲陽。乙丁己辛癸皆爲陰。

問　大運部位從何起點。請詳述之。

答　其起點皆根據所生之月建。如男命所生之年。天干屬陽。或女命所生之年。天干屬陰。運皆順行。男命所生之年。天干屬陰。或女命所生之年。天干屬陽。運皆逆行。例如男命甲子年丙寅月生。甲屬陽。運皆順行。當從丙寅月建起點。順推而下。第一部運爲丁卯。第二部運。卽爲戊辰。以次遞進。列式於左。

(第一部)丁卯
(第二部)戊辰
(第三部)己巳
(第四部)庚午

(第五部)辛未
(第六部)壬申

又如男命乙丑年戊寅月生。乙屬陰。運皆逆行。當從戊寅月建起點。逆推而上。第一部運爲丁丑。第二部運。卽爲丙子。以次遞退列式於左。

(第一部)丁丑
(第二部)丙子
(第三部)乙亥
(第四部)甲戌
(第五部)癸酉
(第六部)壬申

又如女命乙丑年戊寅月生。乙屬陰。運皆順行。當從戊寅月建起點。順推而下。第一部運爲己卯。第二部運。卽爲庚辰。以次遞進列式於左。

(第一部)己卯
(第二部)庚辰
(第三部)辛巳
(第四部)壬午
(第五部)癸未
(第六部)甲申

又如女命甲子年丙寅月生。甲屬陽。運皆逆行。當從丙寅月建起點。逆推而上。第一部運爲乙丑。第二部運。卽爲甲子。以次遞退列式於左。

(第一部)乙丑

(第二部)甲子

(第三部)癸亥

(第四部)壬戌

(第五部)辛酉

(第六部)庚申。

問 行運歲數如何推算。亦請詳述。

答 運若順行。從生日生時數至最近未來節之日時。運若逆行。從生日生時。數至最近已往節之日時。每三日為一歲。每一日為百二十天。每一時為十天。如離節三日。則一歲行運。如離節一日。則落地百二十天行運。離節一時。則落地十天行運。每足三日。方算一歲。且須扣算清楚。某年某月某日某時交運。不得混稱幾歲。列例如左。

(例一)男命甲子年正月十五日子時生。

甲子(年)

丙寅(月)

戊辰(日)

壬子(時)

男命陽年干運皆順行。從月建順推而下。

(第一部運)丁卯

(第二部運)戊辰

（第三部運）己巳
（第四部運）庚午
（第五部運）辛未
（第六部運）壬申

[illegible]至最近未來節之日時。生立春後。最近之未來節即是驚蟄。萬年歷載明是年二月初二日寅時交[illegible]驚蟄由正月十五日子時數至二月初二日寅時共十六天又二時。（正月小）以三天爲一歲折之即知爲五歲多一天二時。總在五歲百四十日後起運。每一運管十年。故第一部運五歲起行第二部運爲十五歲起行。列式如左。

五歲	丁卯
十五	戊辰
二五	己巳
三五	庚午
四五	辛未
五五	壬申

自甲子年正月十五日子時計算必至己巳年正月十五日子時（乙丑一丙寅二丁卯三戊辰四己巳五）方算五歲足。再加百四十天。即知爲己巳年六月初五日。始行第一部丁卯運。以次遞推其爲己卯年行第二部戊辰運。己丑年行第三部己巳運。顯而易知。蓋一運管十年。而十干亦周而復始也。若簡稱每逢己年六月初五日子時交換亦可。

（例二）女命甲子年正月十五日子時生。

甲子(年)
丙寅(月)
戊辰(日)
壬子(時)。

女命陽年干運皆逆行。從月建逆推而上。

(第一部運)乙丑
(第二部運)甲子
(第三部運)癸亥
(第四部運)壬戌
(第五部運)辛酉
(第六部運)庚申

運屬逆行。數至最近已往節之日時。生立春。以最近之已往節即是立春。萬年歷載明。是年正月初一日巳時交立春。由正月十五日子時數至正月初一日巳時。共十三天又七時。以三天為一歲折之。即知為四歲多一天七時。計四歲百九十日後起運。每一運管十年。故第一部四歲起行。第二部十四歲起行。列式如左。

四歲 乙丑
甲子
癸亥
三四 壬戌
辛酉

五四　庚申

自甲子年正月十五日子時計算。必至戊辰年正月十五日子時。方算四歲足。(乙丑一丙寅二丁卯三戊辰四)再加百九十天。卽知為戊辰年七月廿五日子時。始行第一部乙丑運。以次遞推其為戊寅年行第二部甲子運。戊子年行第三部癸亥運。顯而易知。蓋一運管十年。而十干亦周而復始也。若簡稱每逢戊年七月廿五日子時交換。亦可。

問　何為五行。

答　金木水火土是也。

問　五行之生剋如何。

答　金生水。水生木。木生火。火生土。土生金。金剋木。木剋土。土剋水。水剋火。火剋金。

問　請述十天干十二地支之五行。

答　甲乙寅卯皆為木。丙丁巳午皆為火。戊己辰戌丑未皆為土。庚辛申酉皆為金。壬癸亥子皆為水。

問　十二地支孰為陰孰為陽。

答　寅辰巳申戌亥為陽。子丑卯午未酉為陰。

問　十二地支中藏何物。

答　子中藏癸水。丑中藏己土。辛金。癸水。寅中藏甲木。丙火。戊土。卯中藏乙木。辰中藏乙木。癸水。戊土。巳中藏丙火。戊土。庚金。午中藏丁火。己土。未中藏乙木。己土。丁火。申中藏庚金。壬水。戊土。酉中藏辛金。戌中藏辛金。丁火。戊土。亥中藏壬水。甲木。

問　何為財官印食比刼傷殺。

答　皆五行生剋之代名詞也。

子宮癸水在其中
丑癸辛金己土同
寅宮甲木兼丙戊
卯宮乙木獨相逢
辰藏乙戊三分癸
巳中庚金丙戊丛
午宮丁火并己土
未宮乙己丁共宗
申位庚金壬水戊
酉宮辛字獨豐隆
戌宮辛金及丁戊
亥藏壬甲是真蹤

問　請述財官印等之構成。

答　生我者陽見陽或陰見陰為梟神。陰見陽或陽見陰為正印。我生者陽見陽或陰見陰為食神。陰見陽或陽見陰為傷官。剋我者陽見陽或陰見陰為七殺。陰見陽或陽見陰為正官。我剋者陽見陽或陰見陰為偏財。陰見陽或陽見陰為正財。仝我者陽見陽或陰見陰為比肩。陰見陽或陽見陰為劫財。

問　再請舉例明之。我字指何物。

答　我字即日干。例如甲木日干。遇丁火。甲為陽木。丁為陰火。甲木能生丁火。丁乃我生而陽見陰。即傷官也。又如辛金日干遇乙木辛為陰金乙為陰木辛金能尅乙木乙乃我尅而陰見陰即偏財也特立表於後以便檢查。

天干財官印等檢查表(橫看)

日干	甲	乙	丙	丁	戊	己	庚	辛	壬	癸
傷官	丁	丙	己	戊	辛	庚	癸	壬	乙	甲
食神	丙	丁	戊	己	庚	辛	壬	癸	甲	乙
正官	辛	庚	癸	壬	乙	甲	丁	丙	己	戊
七殺	庚	辛	壬	癸	甲	乙	丙	丁	戊	己
正財	己	戊	辛	庚	癸	壬	乙	甲	丁	丙
偏財	戊	己	庚	辛	壬	癸	甲	乙	丙	丁

正印	癸	壬	乙	甲	丁	丙	己	戊	辛	庚
梟神（偏）	壬	癸	甲	乙	丙	丁	戊	己	庚	辛
劫財	乙	甲	丁	丙	己	戊	辛	庚	癸	壬
比肩	甲	乙	丙	丁	戊	己	庚	辛	壬	癸

地支財官印等檢查表（橫看）

日干	甲	乙	丙	丁	戊	己	庚	辛	壬	癸
傷官	午	巳	丑未	辰戌	酉	申	子	亥	卯	寅
食神	巳	午	辰戌	丑未	申	酉	亥	子	寅	卯
正官	酉	申	子	亥	卯	寅	午	巳	丑未	辰戌
七殺	申	酉	亥	子	寅	卯	巳	午	辰戌	丑未
正財	丑未	辰戌	酉	申	子	亥	卯	寅	午	巳
偏財	辰戌	丑未	申	酉	亥	子	寅	卯	巳	午

生我者為 正印、偏印.
克我者為 正官 七煞
同我者為 比肩 劫財
我生者為 傷官 食神.
我克者為 正財. 偏財

陽見陰. 陰見陽為 正印. 傷官. 正官. 正才 劫財.

陽見陽, 陰見陰為 偏印. 食神. 七煞. 偏財 比肩.

正印	子	亥	卯	寅	午	巳	丑未	辰戌	酉	申
梟神	亥	子	寅	卯	巳	午	辰戌	丑未	申	酉
刼財	卯	寅	午	巳	丑未	辰戌	酉	申	子	亥
比肩	寅	卯	巳	午	辰戌	丑未	申	酉	亥	子

問 地支內所藏之字。其財官印綬。推法如何。

答 與推天干相同。詳參天干財官印等檢查表。按干支。花甲子。排命。排運。五行。生尅。財官印綬等。為推命之起端。學者不可不知。且不可不熟讀。否則如作文之不諳題目文章何由而成

韋氏命學講義卷二

韋千里編著

天干篇

(甲)

五行 屬木

性別 屬陽

方位 東方

氣 長生在亥、沐浴在子 冠帶在丑 臨官在寅 帝旺在卯(以上為氣之盛) 衰於辰 病於巳 死於

勢 午 墓於未 絶於申 胎於酉 養於戌（以上爲氣之衰）

旺於春（最旺） 相於冬（次旺） 休於夏（衰） 囚於四立前各十八天（次衰） 死於秋（最衰） 按。四立爲立春。立夏。立秋。立冬。

生 甲生丙丁巳午。壬癸亥子生甲。

剋 甲剋戊己辰戌丑未。庚辛申酉剋甲。

合 甲己相合。

化 日干爲甲。逢己。土在辰戌丑未月則化土。

例

生甲 癸巳 甲生 病

甲剋合甲 己未 甲剋 墓

陽木囚於立秋前十八天 甲午 甲生 死

甲剋 戊辰 甲剋 衰

（乙）

五行 屬木

性別 屬陰

方位 東方

氣 長生在午 沐浴在巳 冠帶在辰 臨官在卯 帝旺在寅（以上爲氣之盛） 衰於丑 病於子 死於亥 墓於戌 絶於酉 胎於申 養於未（以上爲氣之衰）

勢 旺於春（最旺） 相於冬（次旺） 休於夏（衰） 囚於四立前各十八天（次衰） 死於秋（最衰）

生 乙生丙丁巳午。壬癸亥子生乙。

剋 乙剋戊己辰戌丑未庚辛申酉剋乙。

合 乙庚相合。

化 日干為乙。逢庚金。在巳酉丑申月則化金。

例
生乙 癸酉 剋乙 絕
剋乙合乙 庚申 剋乙 胎
陰木死於秋 乙巳 乙生 沐浴
合乙剋乙 庚辰 乙剋 冠帶

（丙）

五行 屬火

性別 屬陽

方位 南方

氣 長生在寅 沐浴在卯 冠帶在辰 臨官在巳 帝旺癸午（以上為氣之盛） 衰於未 病於申 死於酉 墓於戌 絕於亥 胎於子 養於丑（以上為氣之衰）

勢 旺於夏（最旺） 相於春（次旺） 休於四立前各十八天（衰） 囚於秋（次衰） 死於冬（最衰）

生 丙生戊己辰戌丑未甲乙寅卯生丙。

剋 丙剋庚辛申酉壬癸亥子剋丙。

合 丙辛相合。

化 日干為丙。逢辛金。在亥申子辰月則化水。

例
剋丙 壬申 丙剋 病

丙剋合丙　辛亥　剋丙　絕
陽火死於冬　丙子　剋丙　胎
剋丙　壬辰　丙生　冠帶

（丁）

五行　屬火

性別　屬陰

方位　南方

氣　長生在酉　沐浴在申　冠帶在未　臨官在午　帝旺在巳（以上爲氣之盛）　衰於辰　病於卯　死於寅　墓於丑　絕於子　胎於亥　養於戌（以上爲氣之衰）

勢　旺於夏（最旺）　相於春（次旺）　休於四立前各十八天（衰）　囚於秋（次衰）　死於冬（最衰）

生　丁生戊己辰戌丑未。甲乙寅卯生丁。

剋　丁剋庚辛申酉壬癸亥子剋丁。

合　丁壬相合

化　日干爲丁。逢壬水在亥卯未寅月則化木。

例　仝丁　丁卯　生丁　病
剋丁合丁　壬寅　生丁　死
陰火相於春　丁亥　剋丁　胎
生丁　甲辰　丁生　衰

（戊）

五行 屬土
性別 屬陽
方位 中央
氣 長生在寅 沐浴在卯 冠帶在辰 臨官在巳 帝旺在午(以上爲氣之盛) 衰於未 病於申 死於酉 墓於戌 絕於亥 胎於子 養於丑(以上爲氣之衰)
勢 旺於四立前各十八天(最旺) 相於夏(次旺) 休於秋(衰) 囚於冬(次衰) 死於春(最衰)
生 戊生庚辛申酉。丙丁巳午生戊。
剋 戊剋壬癸亥子。甲乙寅卯剋戊。
合 戊癸相合
化 日干爲戊。逢癸水。在寅午戌巳月則化火。
例 生戊 丙寅 剋戊 長生
戊剋合戊 癸巳 生戊 臨官
陽土相於夏 戊午 生戊 帝旺
生戊 丙辰 仝戊 冠帶

(己)

五行 屬土
性別 屬陰
方位 中央
氣 長生在酉 沐浴在申 冠帶在未 臨官在午 帝旺在巳(以上爲氣之盛) 衰於辰 病於卯 死於

勢　寅　墓於丑　絶於子　胎於亥　養於戌（以上爲氣之衰）
旺於四立前各十八天（最旺）　相於夏（次旺）　休於秋（衰）　囚於冬（次衰）　死於春（最衰）

生　己生庚辛申酉丙丁巳午生己。

剋　己剋壬癸亥子甲乙寅卯剋己。

合　甲己相合

化　日干爲己逢甲木在辰戌丑未月則化爲純土。

例　剋己合己　甲午　生己　臨官
己生　辛未　仝己　冠帶
陰土旺於立秋前十八天　己巳　生己　旺
仝己　戊辰　仝己　衰

（庚）

五行　屬金

性別　屬陽

方位　西方

氣　長生在巳　沐浴在午　冠帶在未　臨官在申　帝旺在酉（以上爲氣之盛）　衰於戌　病於亥　死於子　墓於丑　絶於寅　胎於卯　養於辰（以上爲氣之衰）

勢　旺於秋（最旺）　相於四立前各十八天（次旺）　休於冬（衰）　囚於春（次衰）　死於夏（最衰）

生　庚生壬癸亥子戊己辰戌丑未生庚。

剋　庚剋甲乙寅卯丙丁巳午剋庚。

合化例　乙庚相合。日干爲庚逢乙木若在巳酉丑申月則化爲純金。

庚剋合庚	乙巳	剋庚	生
庚剋合庚	乙酉	仝庚	旺
陽金旺於秋	庚申	仝庚	臨官
仝庚	庚辰	生庚	養

（辛）

五行　屬金

性別　屬陰

方位　西方

氣　長生在子　沐浴在亥　冠帶在戌　臨官在酉　帝旺在申（以上爲氣之盛）　衰於未　病於午　死於巳　墓於辰　絶於卯　胎於寅　養於丑（以上爲氣之衰）

勢　旺於秋（最旺）　相於四立前各十八天（次旺）　休於冬（衰）　囚於春（次衰）　死於夏（最衰）

生　辛生壬癸亥子。戊己辰戌丑未生辛。

剋　辛剋甲乙寅卯。丙丁巳午剋辛。

合　丙辛相合

化　日干爲辛逢丙火。在申子辰亥月則化水。

例

辛剋	甲申	仝辛	旺
剋辛合辛	丙子	辛生	生

陰金休於多　辛亥　辛生　沐浴
辛生　壬辰　生辛　墓

（壬）

五行　屬水
性別　屬陽
方位　北方
氣　長生在申　沐浴在酉　冠帶在戌　臨官在亥　帝旺在子（以上爲氣之盛）　衰於丑　病於寅　死於
卯　墓於辰　絶於巳　胎於午　養於未（以上爲氣之衰）
勢　旺於冬（最旺）　相於秋（次旺）　休於春（衰）　囚於夏（次衰）　死於四立前各十八月（最衰）
生　壬生甲乙寅卯。庚辛申酉生壬。
剋　壬剋丙丁巳午。戊己辰戌丑未剋壬。
合　丁壬相合。
化　日干爲壬。逢丁火。在亥卯未寅月則化木。
例　壬生　甲寅　壬生　病
壬剋合壬　丁卯　壬生　死
陽水休於春　壬午　壬剋　胎
壬生　甲辰　剋壬　墓

（癸）

五行　屬水

性別 屬陰

方位 北方

氣 長生在卯 沐浴在寅 冠帶在丑 臨官在子 帝旺在亥（以上爲氣之盛） 衰於戌 病於酉 死於申 墓於未 絕於午 胎於巳 養於辰（以上爲氣之衰）

勢 旺於冬（最旺）。相於秋（次旺）。休於春（衰） 囚於夏（次衰） 死於四立前各十八天（最衰）

生 癸生甲乙寅卯庚辛申酉生癸。

剋 癸剋丙丁巳午戊己辰戌丑未剋癸。

合 戊癸相合。

化 日干爲癸逢戊土在寅午戌巳月則化火。

例 全癸 癸巳 癸剋 胎

剋癸合癸 戊午 癸剋 絕

陰水囚於夏 癸巳 癸剋 胎

癸剋 丙辰 剋癸 養

地支篇

（子）

五行 屬水

性別 屬陰

方位 北方

月令　十一月
節氣　大雪爲子月節　冬至爲子月氣
藏干　癸
生　子生甲乙寅卯。庚辛申酉生子。
剋　子剋丙丁巳午。戊己辰戌丑未剋子。
合　子丑相合
刑　子卯相刑
冲　子午相冲
害　子未相害
三合　申子辰合成水局
方合　亥子丑合爲北方
例　子生　甲申　生子與子三合成水局
子尅　丙子　十一月．大雪至小寒．陰水．藏癸．
子尅　丁丑　剋子合子．又會北方．
子尅　丁未　剋子害子

（丑）

五行　屬土
性別　陽陰
方位　中央

月令 十二月

節氣 小寒為丑月節 大寒為丑月氣

藏干 己癸辛

生 丑生庚辛申酉。丙丁巳午生丑。

剋 丑剋壬癸亥子。甲乙寅卯剋丑。

合 子丑相合

刑 酉戌相刑

冲 丑未相冲

害 丑午相害

三合 巳酉丑合成金局

方合 亥子丑合為北方

例
丑剋 癸酉 與丑三合成金局 丑生
剋丑 乙丑 陰土。十二月。小寒至立春。 藏己辛癸
生丑 丙子 丑剋 合丑
剋丑 甲午 生丑 害丑

（寅）

五行 屬木

性別 屬陽

方位 東方

月令	正月
節氣	立春爲寅月節　雨水爲寅月氣
藏干	甲丙戊
生	寅生丙丁巳午。壬癸亥子生寅。
剋	寅剋戊己辰戌丑未。庚辛申酉剋寅。
合	寅亥相合
刑	寅巳相刑
冲	寅申相冲
害	寅巳相害
三合	寅午戌合成火局
方合	寅卯辰合爲東方
例	比寅　乙巳　寅生　害寅。刑寅
	寅剋　戊寅　正月。立春至驚蟄。陽木。藏甲丙戊。
	剋寅　庚申　剋寅　冲寅
	寅生　丁亥　生寅　合寅

卯

五行	屬木
性別	屬陰
方位	東方

月令 二月

節氣 驚蟄為卯月節 春分為卯月氣

藏干 乙

生 卯生丙丁巳午。壬癸亥子生卯。

剋 卯剋戊己辰戌丑未。庚辛申酉剋卯。

合 卯戌相合

刑 子卯相刑

冲 卯酉相冲

害 卯辰相害

三合 亥卯未合成木局

方合 寅卯辰合為東方

例

卯生 丙子 生卯 刑卯

剋卯 辛卯 二月。驚蟄至清明。陰木。藏乙。

生卯 壬辰 與卯合為東方。害卯。卯剋。

卯剋 己酉 剋卯 冲卯

（辰）

五行 屬土

性別 屬陽

方位 中央

月令　三月

節氣　清明為辰月節　穀雨為辰月氣

藏干　戊乙癸

生　辰生庚辛申酉。丙丁巳午生辰。

剋　辰剋壬癸亥子。甲乙寅卯剋辰。

合　辰酉相合

刑　二辰自刑

冲　辰戌相冲

害　卯辰相害

三合　申子辰合成水局

方合　寅卯辰合為東方

例
生辰　丁酉辰生合辰
剋辰　甲辰三月陽土。清明至立夏。藏戊乙癸
辰剋　癸卯剋辰害辰。與辰合為東方。
辰剋　壬戌比辰冲辰

（巳）

五行　屬火

性別　屬陽

方位　南方

月令　四月
節氣　立夏為巳月節　小滿為巳月氣
藏干　丙戊庚
生　巳生戊己辰戌丑未。甲乙寅卯生巳。
剋　巳剋庚辛申酉。壬癸亥子剋巳。
合　巳申相合
刑　寅巳相刑　巳申相刑
冲　巳亥相冲
害　寅巳相害
三合　巳酉丑合成金局
方合　巳午未合為南方
例　巳生　戊寅　生巳．刑巳．害巳．
比巳　丁巳　四月．陽火．立夏至芒種．藏丙戊庚．
剋巳　壬申　巳剋　合巳
巳剋　辛亥　剋巳　冲巳

（午）

五行　屬火
性別　屬陰
方位　南方

月令　五月
節氣　芒種爲午月節　夏至爲午月氣
藏干　丁己
生　午生戊己辰戌丑未。甲乙寅卯生午。
尅　午剋庚辛申酉。壬癸亥子尅午。
合　午未相合
刑　二午自刑
冲　子午相冲
害　丑午相害
三合　寅午戌合成火局
方合　巳午未合爲南方
例　午尅　辛丑午生害午
生午　甲午五月：芒種至小暑。陰火。藏丁己。
尅午　壬子尅午冲午
比午　丁未午生合午。與午合爲南方

（未）

五行　屬土
性別　屬陰
方位　中央

月令　六月
節氣　小暑為未月節　大暑為未月氣
藏干　己丁乙
生　未生庚辛申酉。丙丁巳午生未。
剋　未剋壬癸亥子。甲乙寅卯剋未。
合　午未相合
刑　戌未相刑
冲　丑未相冲
害　子未相害
三合　亥卯未合成木局
方合　巳午未合為南方
例　生未　丙戌　比未　刑未
剋未　乙未　六月。陰土。小暑至立秋。藏乙丁己。
未生　辛丑　比未　冲未
比未　戊子　未剋　害未

（申）

五行　屬金
性別　屬陽
方位　西方

月令　七月
節氣　立秋爲申月節　處暑爲申月氣
藏干　戊庚壬
生　申生壬癸亥子。戊己辰戌丑未生申。
剋　申剋甲乙寅卯。丙丁巳午剋申。
合　巳申相合
刑　巳申相刑
冲　寅申相冲
害　申亥相害
三合　申子辰合成水局
方合　申酉戌合爲西方
例
申剋　乙亥　申生害申
申剋　甲申　七月。立秋至白露。陽金。藏戊庚壬
生申　己巳　剋申合申。刑申。
剋申　丙寅　申剋冲申。

（酉）

五行　屬金
性別　屬陰
方位　西方

月令 八月
節氣 白露爲酉月節 秋分爲酉月氣
藏干 辛
生 酉生壬癸亥子。戊己辰戌丑未生酉。
剋 酉剋甲乙寅卯。丙丁巳午剋酉。
合 辰酉相合
刑 二酉自刑
冲 卯酉相冲
害 酉戌相害
三合 巳酉丑合成金局
方合 申酉戌合爲西方

例
剋酉 丙辰 生酉 合酉
剋酉 丁酉 八月：白露至寒露： 陰金：藏辛。
酉生 癸卯 酉剋 冲酉
酉生 壬戌 生酉 害酉 與酉合爲西方

（戌）

五行 屬土
性別 屬陽
方位 中央

月令　九月
節氣　寒露為戌月節　霜降為戌月氣
藏干　戊辛丁
生　戌生庚辛申酉。丙丁巳午生戌。
剋　戌剋壬癸亥子。甲乙寅卯剋戌。
合　卯戌相合
刑　丑刑戌　戌刑未
冲　辰戌相冲
害　酉戌相害
三合　寅午戌合成火局
方合　申酉戌合為西方
例　戌剋　癸卯　剋戌 合戌
　　戌剋　壬戌　九月。寒露至立多 陽土。藏戊辛丁。
　　生戌　丙辰　比戌 冲戌
　　生戌　丁酉　戌生 害戌　與戌合為西方

（亥）
五行　屬水
性別　屬陽
方位　北方

月令	十月
節氣	立冬爲亥月節 小雪爲亥月氣
藏干	壬甲
生	亥生甲乙寅卯。庚辛申酉生亥。
剋	亥剋丙丁巳午。戊己辰戌丑未剋亥。
合	寅亥相合
刑	二亥自刑
冲	巳亥相冲
害	申亥相害
三合	亥卯未合成木局
方合	亥子丑合爲北方
例	剋亥 戊寅（亥生 合亥）
	比亥 癸亥（十月：立冬至大雪。陽水。藏壬甲。）
	亥剋 丙申（生亥 害亥）
	比亥 癸巳（亥剋 冲亥）

人元篇

人元者。即地支內所藏之天干也。已見地支篇。可參閱之。

人元之利

（一）可以輔助天干地支之不逮。例如

癸卯 入字中水木居六。土金全無。當以身強無
丁巳 剋制爲患。然巳中藏有戊土并庚金。土能
甲寅 剋水。金能制木。是天干地支雖屬無用。而
甲子 支中所藏人元。獨可輔助其不逮也。

（二）可以增加天干地支之力量。例如

甲寅 三甲二寅。木如林立。又有壬水子水之生。木則
壬申 更繁重。自喜申金之剋制。但一金五木。隻力難勝。
甲寅 則不得不賴申中寅中所藏戊土以生金。剋木是
甲子 取戊土人元以增加申金之力量也。

人元之害

（一）幫助天干地支之爲虐。例如

戊申 獨甲爲五金所剋。其衰可知。何堪
庚申 申中再藏戊土。午中再藏己土。以
甲申 戊己土之人元。再去生金。豈非專
庚午 助庚申金之爲虐乎。

（二）破壞天干地支之精采。例如

乙未 戊土甚重。當洩秀氣於庚申二金。豈不甚
戊寅 美。但寅中所藏丙火。既能剋去時干上之
戊辰 庚金。而時支申中所有庚金。亦被寅中之
庚申 丙火冲去。豈非精采盡爲破壞乎。

人元力量之分析

（一）最重 月支內之人元。屬月之本氣者。（例如申月之庚。庚與申皆屬金。庚即爲申中之本氣）力量最重。

（二）次重 月支內所暗藏之人元。（例如申月申中暗藏戊壬）雖非申月本氣。力量則次重

（三）稍輕 年日時支內所藏之人元。與月支之人元相較。則力減輕

韋氏命學講義 卷三

韋千里編著

五行篇

五行者。金木水火土。其數有五。併往來乎天地之間而不窮者也。故謂之行。

（金）

原始　西方陰止以收而生燥。燥乃生金。

性　屬少陰。沉下而有所止

體　至陰中含至陽。故光明可照。

質　堅剛

天干　庚辛屬金

地支　申酉屬金

支藏　申酉戌巳丑中皆藏金

生剋　受土之生　生水　爲火所剋　剋木

種類　金分六類。各有喜忌。

（一）強金當令或繁盛爲強。　喜木分力。火煆煉。水吐秀。忌土生金。金加重。

（二）弱金失令或稀少爲弱。　喜土生金。金比助。忌木分力。火剋制。水洩氣。

（三）埋金土多易埋。　喜木制土。忌火助土。

（四）沉金水多易沉。　喜土剋水。木洩水。忌金助水泛。

（五）缺金木多易缺。　喜土生金。忌木加重。

（六）熔金火多易熔。　喜水制火存金。土洩火生金。忌木助火熾。

四季金之喜忌

春。值四令。

喜　餘寒未盡。貴乎火氣爲榮。性體柔弱。愛得薄土之資生。既見火。尤喜金來比助。
忌　水盛則金寒。有用等於無用。木盛則金折。至剛轉爲不剛。

夏．
喜　値死令。
忌　性柔遇薄土則資生有益。形未充得金比則扶持精壯。時方在炎。逢水滋則金潤澤。
　　火多則銷熔。木盛則傷身。土厚則埋沒無光。

秋．
喜　値旺令。
忌　當權得令。遇火煆煉則成鐘鼎之材。見水吐秀則精神發越。逢木斲削則施威逞才。
　　金助愈剛。剛過必缺。土再資生。反爲頑濁。

冬．
喜　値休令。
忌　形寒性冷。土能制水。金體不寒。火土並來。温養更妙。
　　木多則難施斲削之功。水盛則不免沉潛之患。

（木）

原始　東方陽散以泄而生風。風乃生木。
性　屬少陽。騰上而無所止。
體　陽中含陰。故枝葉繁榮於外。而內空虛。
質　柔和
天干　甲乙屬木
地支　寅卯屬木
支藏　寅卯辰亥未中皆藏木

生剋　受水之生。生火　爲金所剋　剋土

種類　木分六類各有喜忌。

(一)強木當令或繁盛爲強　喜土分力金斵削火吐秀。忌水生木木加重。

(二)弱木失令或稀少爲弱。　喜水生木木比助忌土分力金剋害火洩氣。

(三)浮木水多易浮。　喜土制水。忌金助水。

(四)焚木火多易焚。　喜水剋火土洩火忌木生助。火熾烈。

(五)折木土多易折。　喜水生木。忌土加重。

(六)斷木金多易斷。　喜火制金存木。水洩金生木。忌土助金。金堅銳。

四季木之喜忌

春。值旺令。

喜　餘寒猶存。得火温暖。無盤屈之拘。遇水資扶。有舒暢之美。見、薄土則材豐。

忌　土多則反損力。重金傷殘剋伐。則生意索然。

夏。值休令。

喜　根乾葉枯。水盛有滋潤之功。無土則根基不固。缺金則不能斵削。

忌　火旺招焚化之患。土厚則反爲災咎。金多亦轉遭傷殘。木太多亦無可爲用。

秋。值死令。

喜　氣漸淒涼。形凋敗。木多有多材之美。初秋喜水土相滋。中秋愛剛金斵削。寒露遇火則木實。

忌　土厚無己任之材。獨霜降水盛則有木漂之患。

冬。值相令。

喜　得金多以爲用。遇火暖以成功。欲土厚而培養。

忌　水盛則忘形。木雖多而難助。

（水）

原始　北方陰極而生寒。寒乃生水。

性　屬太陰。潤下。

體　積陰之寒氣。反而爲水。水雖陰物。陽含於內。故水體內明。

質　沉潛

天干　壬癸屬水

地支　亥子屬水

支藏　亥子丑辰申中皆藏水

生剋　受金之生　生木　爲土所剋　剋火

種類　水分六類。各有喜忌。

（一）強水當令或繁盛爲強。　喜火分力。土堤防。木洩秀。忌金生水。水加重。

（二）弱水失令或稀少爲弱。　喜金生水。水比助。忌火分力。土剋制。木洩氣。

（三）滯水金多易滯。　喜火制金。忌土助金。

（四）縮水木多易縮。　喜火洩木。金制木。忌水生助木繁盛。

（五）沸水火多易沸。　喜金生水。忌火加重。

（六）淤水土多易淤。　喜木剋土存水。金洩土生水。忌火助土。土堅實。

四季水之喜忌

春。

喜 值休令。土盛則泛漲無憂。木見則施功可期。藉金生扶。欲火相濟。

忌 水盛則崩堤堪虞。金多火緊。均非所宜。

夏。

喜 值囚令。時當涸際。愛金生而欲同類之幫扶。

忌 火旺則乾涸堪虞。木盛氣耗。土重流塞。

秋。

喜 值相令。母旺子相。表光裏瑩。見金則澄清可愛。火多則盛木重妻榮。

忌 遇土則混濁可嫌。水多則泛濫堪憂。（水既重重方愛得土清平）木火過多。亦非所宜。

冬。

喜 值旺令。專權司令。遇火則增暖。木盛為有情。見土則無泛濫之憂。

忌 金多無義。土多無恩。（惟泛漲時可藉作堤防）

（火）

原始 南方陽極而生熱。熱乃生火。

性 屬太陽。炎上。

體 積陽之熱氣。反者為火。火雖陽物。陰在其內。故火體內暗。

質 熾烈

天干 丙丁屬火

地支 巳午屬火

支藏　巳午未寅戌中皆藏火

生剋　受木之生　生火　爲水所剋　剋金

種類　火分六類各有喜忌。

（一）強火當令或繁盛爲強。　喜金分力。水相濟。土洩秀。忌木生火。火加重。

（二）弱火失令或稀少爲弱。　喜木生火。火比助。忌金分力。水剋熄。土掩晦。

（三）熾火木多易熾。　喜金制木。忌水助木。

（四）晦火土多易晦。　喜金洩土。木制土。忌火生土。土堅重。

（五）熄火金多易熄。　喜木生火。忌金加重。

（六）滅火水多易滅。　喜土制水存火。木洩水生火。忌金助水。水盛旺。

四季火之喜忌

春。值相令。

喜　母旺子相。見金可以施功。縱多無妨。木少可得生扶。（過多則火炎）水只宜其兩濟。

忌　火盛則多傷爆燥。土多則蹇塞無光。

夏。值旺令。

喜　恃勢行權。遇金爲良工。得土成稼穡。（金土雖美。缺水則金燥土焦。）逢水則自焚可免。

忌　見火有傾危之慮。遇木有夭折之患。

秋。值囚令。

喜　性息體休。重疊見火而光輝。遇木生。亦有復明之慶。

忌　土重則掩光。水剋則隕滅。金多見其體亦能損傷。

冬。値死令。

喜　休絶形亡。木生而有救。土制水以爲榮。水比則有利。

忌　見金難任爲財。水尅必以爲殃。

（土）

原始　中央陰陽交而生濕。濕乃生土。

性　土無常性。視四時所乘。喜相濟得所。忌太過不及。

體　土包四物。故其體能兼虛實。

質　含散持實

天干　戊己屬土

地支　辰戌丑未屬土

支藏　辰戌未巳午寅申中皆藏土

生尅　受火之生　生金　爲木所尅　尅水

種類　土分六類。各有喜忌。

（一）強土當令或繁盛爲強。　喜水分力。木疎通。金洩秀。忌火生土。土加重。

（二）弱土失令或稀少爲弱。　忌水分力。木尅制。金洩氣。喜火生土。土比助。

（三）焦土火多易焦。　喜水制火。忌木助火。

（四）變土金多易變。　喜火制金。水洩金。忌土助金。金堅實。

（五）流土水多易流。　喜火生土。忌水加重。

（六）傾土木多易傾。　喜金制木存土。火洩木生土。忌水助木。木繁盛。

四季土之喜忌

春。值死令。

喜 土勢虛弱。火生扶。土比助。金能制木爲祥。(按金多仍能盜土氣。)

忌 木太過。水泛濫。

夏。值相令。

喜 土勢燥烈。見水則滋潤成功。見水復遇金生更爲有益。

忌 旺火煆煉焦赤。見火復遇木生則生尅無良。(惟土太過者喜木。) 土多見則蹇塞不通。

秋。值休令。

喜 子旺母衰。不厭火重。煉金成材。最愛木盛制伏純良。土多則頗可助力。(惟至霜降則毋用土比。)

忌 金多而耗盜其氣。水泛而一定非祥。

冬。值囚令。

喜 外寒內溫。木溫火暖。則寒谷回春。再加土助則尤佳。

忌 金水氣冷。則冰寒土凍。再加身弱。多損壽元。

強弱篇

論命以日干爲主。稱之曰身。身之強弱。關係最爲緊要。故詳論之。

論身強

身強之構成

(一)月令旺相 如甲木日干。生於春冬。

(二)多幫扶　如甲木日干四柱多水多木。（四柱即年月日時四個干支也）

(三)支得氣　如甲木日干。生於亥年寅日卯時。（甲生於亥臨官於寅帝旺於卯氣盛爲得氣）

身強之區別

(一)最強　既當令又多幫扶。（當令即月令旺相）例如

甲寅　甲木旺於春月又卯
丁卯　爲帝旺故當令四柱
甲子　又有四木兩水幫扶
甲子　之故成最強

(二)中強　僅多幫扶而失令。（失令即月令衰弱）例如

甲寅　乙木死於秋酉月
癸酉　又爲絕地故失令
乙亥　然四柱有三水兩
丙子　木幫扶故成中強

僅得令而少幫扶例如

甲寅　壬水旺於冬子月又
丙子　爲帝旺故得令然四
壬寅　柱全無別位金水幫
丙午　扶故亦成中強

(三)次強　既不當令又少幫扶但年日時支得氣。例如

辛亥　甲木死於秋。故失令。天干又
丁酉　全無水木幫扶。僅亥年長生。
甲寅　寅日臨官。卯時帝旺。酉月受
丁卯　胎。皆得氣。故成爲交強耳。

身強之喜忌

(身強喜抑)抑之構成原因有四

(一)受尅　即尅我。如甲木見金尅。
(二)被洩　即我生。如甲木見火洩。
(三)被分　即我尅。如甲木見土分。
(四)氣衰　如甲木見辰巳午未申酉戌(見甲木篇論氣條)

(身強忌扶)扶之構成原因有三

(一)受生　即生我。如甲木見水。
(二)得援　即同我。如甲木見木。
(三)氣盛　如甲木見亥子丑寅卯(見甲木篇論氣條)

論身弱

身弱之構成

(一)月令衰弱　如甲木日干。生於夏秋。
(二)多尅洩　如甲木日干。四柱多金多火。
(三)支失氣　如甲木日干。逢巳年午日申時。(甲木病巳死午絕申。氣衰篇失氣。)

身弱之區別

(一)最弱 既失令。又多尅洩。例如

戊申 甲木死於秋。(最衰
庚申)故失令。四柱又有
甲午 丙火之洩。四金之剋。
庚午 故成爲最弱。

(二)中弱 僅多尅洩。而當令。例如

丙辰 甲木日干。四柱雖有三
庚寅 火之洩。兩金之剋。然甲
甲午 木旺於春。(最旺)頗
庚午 當令。故卽成爲中弱。

僅失令而少尅洩。例如

甲寅 丁火雖死於冬。(最弱)
丙子 而失令。然四柱并不復見
丁卯 水剋與土洩。且有四木兩
乙巳 火之幫扶。故亦成爲中弱。

(三)次弱 既不失令。又少尅洩。但年日時支無氣。例如

辛巳 壬水旺於冬。當令。天干又有兩
辛丑 金一水之幫扶。僅巳年壬絕。寅

壬寅　日壬病。卯時壬死。丑月壬衰。四
癸卯　支失氣。故即成爲衰弱。

身弱之喜忌

身弱喜扶

（扶之構成。見前論身強之喜忌中。）

身弱忌抑

（抑之構成。見前論身強之喜忌中。）

韋氏命學講義卷四

韋千里編著

六神篇

五行之理。祇是生我尅我。我生我尅。但不設名目。不便推詳。六神者。五行陰陽生尅之代名詞也。自有此代名詞立。執五行生尅以衡量人命。彌覺如應斯響。蓋比喻適當。莫此六神若也。但五行生尅比和有傷官七殺正官食神偏財正財梟神正印比肩刼財等名目。共有十類。而神止取六者何也。蓋比肩刼財不能成格。而偏正財。偏正印。又稱曰財印。既捨比刼而再合併財印。是以神共有六耳。

傷官

傷官之構成　我所生。而與我異性者。是也。例如甲木日干。見丁火。木能生火。丁火爲甲木所生。而甲爲陽性。丁爲陰性。陰陽相異。故丁即甲之傷官。按甲見丁見午。乙見丙見巳。丙見己見丑未。丁見戊見辰戌。戊見辛見酉。己見庚見申。庚見癸見子。辛見壬見亥。壬見乙見卯。癸見甲見寅。皆爲傷官。

傷官淺解　甲木見丁火爲傷官。丁火者甲木所生。乃父子一家之人。丁仗甲勢。以發越甲木之秀氣。故人多聰明幹練。然而獨以傷官名者。何也。蓋甲木以辛金爲正官。正官者。如一縣之有邑宰。人民居其治下。方喜得有規範。不敢肆意妄爲。爲非作惡。而丁火見辛金正官。乃仗勢以尅傷之。故曰傷官。如人不服官管。必欲盡解除其一身之束縛。見官星而必欲尅傷之。故傷官格大都好傲好僭。然亦必其人本能自治。而大有才者。力克勝任。否則人無拘束。儘可蔑法越規。恣意妄爲。無惡不作矣。信如是。使一旦復居治下。則嚴刑峻法。亦安得不身先受之耶。故傷官者。必有大過人之才。遇而亦復有大慘酷之奇禍也。

傷官之能力　洩身　生財　敵殺　損官

天下事有利必有弊。利弊之區別。即在當與不當耳。六神既有能力匹配。上既有當與不當。則必有利弊。既有利弊。又有喜忌。爰各述利弊喜忌如後。

傷官之利

洩身　日干強。財官無氣。即以強爲患。遂愛傷官。傷官能發越日干之強氣。使盡行外露也。例如

癸丑　乙木春生。又多水木
乙卯　之生扶。自喜時上丙
乙亥　火傷官之洩身。吐秀。
丙子　否則直一頑木耳。

敵殺　殺重身輕。舉動盡爲牽制。亦愛傷官。傷官能敵殺存身。使一身得以自由。例如

戊子　秋木凋零。最畏辛金

生財　身強財弱。尤愛傷官。傷官能流通日干之氣。生起財來。俾爲己用。例如

戊寅　旺木成林。戊土之財受尅太
甲寅　深。幸喜丙火傷官洩木生土。
乙亥　流通日干之旺氣。而又救護
丙子　財星之不足。厥功偉矣。

損官　官重身輕。舉動盡爲束縛。亦愛傷官。傷官能損官存身。使一身得以舒適。例如

庚申　初秋乙木。疊見陽金之尅。是

辛酉 七殺之尅伐。幸有丙
乙酉 火傷官。制金敵殺。稍
丙子 解日元之危。

甲申 卽官重身輕。丙火傷官。可以
乙卯 制金抑官。雖無扶弱之能。却
丙戌 有鋤強之功。亦足取焉。

傷官之弊

洩身 日干弱。遂怕傷官。一身自顧不暇。何堪再見傷官耗盜。例如

辛丑 乙木日元見金之尅伐。火之
丁酉 耗盜。土之磨折。又當仲秋死
乙卯 令。衰弱可知。然則丙火傷官
丙戌 之洩身。自亦忌神耳。

生財 財太旺。尤怕傷官。身且不能任財。何堪再見傷官生財。例如

丙申 土重木折。財旺身輕。
戊戌 丙火傷官之生財。正
乙丑 如與虎添翼。助桀爲
己卯 虐。可畏哉。可畏哉。

敵殺 身強殺淺。卽怕傷官。身方假殺爲權。何堪再見傷官敵去。例如

丙寅 春木方旺。地支成木局。月上
辛卯 辛金七殺。斧斤以時入山林。
乙亥 材木不可勝用。乃又爲丙火
癸未 傷官所敵。減色非輕。

損官 身重官輕。亦怕傷官。身方以官爲尊。何堪再見傷官損害。例如

甲寅 八字中木居其五。林林總
丙寅 總。全恃時上庚金正官。伐
乙卯 木成材。不幸丙火傷官尅
庚辰 庚。與上例同一貽憾。

傷官所喜

生身 日干強，愛傷官。既見傷。喜見財以流通之。日干弱。怕傷官。既見傷。喜印綬以制伏之。

生財 身強財弱愛傷官。既見傷。喜財多以生發之。身弱財多怕傷官。既見傷。喜印綬以制伏之。

敵殺 殺重身輕。愛傷官。既見傷官。喜比刼食傷以生助之。身強殺淺。怕傷官。既見傷官。喜見財以和解之。

損官 官重身輕愛傷官既見傷喜比刼食神以生助之。身強官弱。怕傷官既見傷喜見財以和解之。

傷官所忌

洩身 日干強。愛傷官。既見傷。忌見印以尅去之。日干弱。怕傷官。既見傷。忌再生財。轉輾洩弱。

生財 身強財弱。愛傷官。既見傷。忌見印以尅去之。身弱財多。怕傷官。既見傷。忌再生財。轉輾洩弱。

敵殺 殺重身輕。愛傷官。既見傷。忌財旺生殺。身強殺淺。怕傷官。既見傷。忌比刼食傷以生助之。

損官 官多身弱。愛傷官。既見傷。忌財旺生官。身重官輕。怕傷官。既見傷。忌比刼食傷以生助之。

七殺【七殺一名偏官】

七殺之構成

尅我而與我同性者是也。例如甲木日干。見庚金。金能尅木。甲木爲庚金所尅。而甲爲陽性。庚亦爲陽性。陰陽同類。故庚卽甲之七殺。按甲見庚見申。乙見辛見酉。丙見壬見亥。丁見癸見子。戊見甲見寅。己見乙見卯。庚見丙見巳。辛見丁見午。壬見戊見辰戌。癸見己見丑未。皆爲七殺。

七殺淺解

七殺者。又名偏官。二陽相尅。二陰相尅。猶二男不同處。二女不同居。不成配偶，故謂之偏官。又以其隔七位。而相戰尅。故曰七殺。七殺者慘毅無恩。專以攻身爲尙。譬小人多凶暴。無忌憚。若無禮法制裁之。不懲不戒。必傷其主。故有制謂之偏官。無制謂之七殺。必須制合生化。無太過不及。是借小人勢力。衛護君子。以成威權。造就大富大貴之命者。設使生化不及。日主衰弱。七殺重逢。其禍不勝俱述。若七殺祇一。制伏重重。倘運再行制伏。則盡法無民。雖猛如虎。亦無所施其技矣。

七殺之能力

耗財 生印 攻身 制刼

七殺之利

耗財　身弱印輕財重。遂愛七殺。以殺能耗財。并能助印也。例如

丁卯　辛金囚於春。羣木旺於春。一望而
甲辰　知其爲財重身輕。戊雖生辛。乃被
辛卯　尅於甲。則唯丁火七殺。耗甲木之
戊子　旺財。生戊土之衰印。獨建其功矣。

攻身　日干旺甚。過旺則身無所依。即愛七殺。七殺雖攻身。身力能任。可以假作權威也。例如

辛酉　秋月辛金。再見三酉。一辛強
丁酉　旺。達於極點。妙有丁火七殺
辛酉　煉金而成器。攻身以作威從
甲午　此爲有價值之命局矣。

七殺之弊

耗財　日強印重財輕。即怕七殺。殺既耗財。又助印也。例如

丁丑　辛見重土。幸有月上庚金之協助。未遭埋
庚戌　沒而稱身印兩強。乙木偏財。以丁火七殺
辛丑　之耗。致未遂疏土之功。八字仍屬偏枯。則
乙未　七殺耗財之咎。在所難辭焉。

生印　身印並衰。最愛七殺。殺能生印。使印再生身也。例如

戊寅　春日之金無力。雖有酉金戊土幫扶。乃戊爲
甲寅　甲尅。卯爲酉冲。而又旺木成林。以財多身弱
辛卯　爲患。所幸丁火七殺。洩甲木之旺財。生戊土
丁酉　之衰印。使印再生身。極盡補偏救弊之妙矣。

制刼　身強財弱。復見刼財。尅敗之極。亦愛七殺。七殺能制伏刼財。使不敗也。例如

丁酉　一重甲木正財。爲當令之庚金刼財。
庚戌　掠奪殆盡。幸有丁火七殺。制伏刼財。
辛酉　論其功用。制刼爲第一。救財爲第二。
甲午　換言之。制刼即所以救財也。

生印　日弱印強。尤怕七殺。印多則身寡。而成母多子病。何堪再見七殺。生印尅身。例如

戊戌　土旺而多。有如山崩。日元之辛
己未　母旺子虛。爲埋金無疑矣。丁火
辛未　七殺。生土印以助虐。尅弱日而
丁酉　欺主。其滋蔓禍患。爲何如哉。

攻身　日干衰弱。即怕七殺。日弱既主萎靡。何堪再見七殺之攻例如

丁卯　辛生巳月。已患失令。羣木旺火。爭相摧殘。
乙巳　又少幫扶之字。其弱可知。或以丁火七殺
辛卯　攻身之弊。與衆財挫主之患。較量輕重。則
乙未　正如五十步與百步耳。

制刼　日弱賴刼。亦怕七殺。身方恃刼維持。何堪再見七殺制去例如

甲辰　以失令之辛金。敵得時之衆木。豈其
丁卯　可乎。庚金刼財。能幫辛金。亦能尅木。
辛未　正喜不乏援助。詎料丁火七殺。制住
庚寅　庚金。終臂扼喉。抱憾甚矣。

七殺所喜

耗財　身弱印輕財重。愛七殺。既見殺。喜印比之幫身。身強印重財輕。怕七殺。既見殺。喜傷食以制殺生財。
生印　身印並衰。愛七殺。既見殺。喜殺重生印。日弱印強。怕七殺。既見殺。喜食財以兩制之。
攻身　日干強。愛七殺。既見殺。喜財旺以生之。日干弱。怕七殺。既見殺。喜印旺以解之。
制刼　身強有刼。愛七殺。既見殺。喜財旺以生之。身弱賴刼。怕七殺。既見殺。喜食傷以制之。

七殺所忌

耗財　印輕財重。愛七殺。既見殺。忌傷食生財制殺。印重財輕。怕七殺。既見殺。忌殺再加強。
生印　身印並衰。愛七殺。既見殺。忌食傷復制去。日弱印強。怕七殺。既見殺。忌殺再加強。
攻身　日干強。愛七殺。既見殺。忌食傷再制去。日干弱。怕七殺。既見殺。忌財復生之。
制刼　日強有刼。愛七殺。既見殺。忌食傷再制去。日弱賴刼。怕七殺。既見殺。忌財旺再生之。

正官

正官之構成　尅我而與我異性者。是也。例如甲木日干。見辛金。金能尅木。甲木為辛金所尅。而甲為陽性。辛為陰性。陰陽相異。故辛即甲之正官。按甲見辛。見酉。乙見庚。見申。丙見癸。見子。丁見壬。見亥。戊見乙。見卯。己見甲。見寅。庚見

丁見午，辛見丙見巳。壬見己見丑未。癸見戊見辰戌。皆爲正官。

正官雜談　正官者。六格之正氣。忠信之尊名。治國齊家之有道。蓋陽見陰尅。陰見陽尅。如人之有一夫一婦。陰陽調和。剛柔配合。以成道也。又官者管也。一縣有官人居治下。均須受其管束。雖有狡者。亦必循規蹈矩。居仁由義。不敢放逸爲非。苟無官管。則將放於禮法之外。故以制我身者爲正官。萬不可遭損破也。月令提綱之官。如本府太守。本縣令尹。管制最重。年上之官。其位最尊。第亦須視其強弱如何而斟衡也。

正官之能力　引財　生印　拘身　制刼

正官之利

引財　身強財弱。遂喜正官。正官能引財拘身以存財也。例如

乙巳	初夏丙火。三見巳祿。可謂
辛巳	旺矣。辛金之財。不免火多
丙子	金熔。還賴癸水正官。尅火
癸巳	救命。是即所謂引財也。

生印　身強印弱。尤愛正官。正官能拘束日干。滋生印綬也。例如

辛巳	退氣之乙木。遠不如當旺之丙火。
癸巳	何況丙得兩祿。豈不患子多母弱
丙子	哉。月頭癸水正官。歛火之威。助木
乙未	之勢。生印之功。厥亦偉矣。

拘身　日干旺甚。過旺則身無所依。即愛正官。正官能拘束日干。不敢爲非作惡也。例如

辛卯	丙日旺甚。幸喜癸水正官之尅
癸巳	火。猾殺其炎。拘身有功。或憾乎
丙午	杯水車薪。然有辛申兩金之生。
丙申	癸水雖弱。尚有淵源。仍可取焉。

制刼　日干既旺。復疊見刼財。刼威即助身爲虐。亦愛正官。正官能制去刼財。使日干潔身自好也。例如

癸巳	日主既旺。益以兩比兩刼。酉金之財星
丁巳	危矣。癸水正官。尅制巳火。比肩固較欠
丙子	強。然得祿於子。受生於酉。亦足以去兩
丁酉	丁之刼財。不可與揚湯止沸同論也。

正官之弊

引財　身弱財強。遂怕正官。財強已恐身不能任。何堪再見正官引財。例如

癸丑　金多火少。時在深秋。日元爲丙。自
辛酉　屬財強身弱。再見癸水正官。引旺
丙子　財尅衰主。是更危如纍卵。固以財
丙申　爲病之原。亦以官爲病之表耳。

拘身　日干衰弱。即怕正官。身弱既主萎靡。何堪再見正官拘身例如

庚辰　丙火日元。除時上一重比肩。爲幫身
庚辰　外。餘皆洩尅之神。弱而不堪任財任
丙子　官矣。申子辰會局。官星結黨。其拘身
丙申　之禍。最爲猖獗。奚啻洪水猛獸耶。

生印　身弱印強。尤怕正官。印多則身寡。母多子病。何堪再見正官生印例如

癸卯　丙火生於春令。又見四木。印
乙卯　多而旺。即不免母多子病。癸
丙子　水正官。尅身固非喜。然其生
乙未　印。不啻助桀爲虐。尤可憎也。

制刼　身弱用刼。亦怕正官。身方賴刼維持。何堪再見正官制去例如

丁酉　丙雖失令於冬。幸有丁火刼財。
癸丑　兩透干頭。而可倚以爲幫身。詎
丙子　料癸水正官。制去刼財。精華盡
丁酉　失。正如病犯絕症。其勢殆矣。

正官所喜

引財　身強財弱。愛正官。既見官。喜逢財以生之。財多身弱。怕正官。既見官。喜印旺以洩之。

生印　身強印弱。愛正官。既見官。喜官旺生印。身弱印強。怕正官。既見官。喜食財以兩制之。

拘身　日干強。愛正官。既見官。喜財旺以生之。日干弱。怕正官。既見官。喜印旺以解之。

制刼　身強有刼。愛正官。既見官。喜財旺以生之。身弱賴刼。怕正官。既見官。喜印以生身。

正官所忌

引財　身強財弱愛正官。既見官。忌偏印以洩之。身弱財強怕正官。既見官。忌財官再加重。

生印　身強印弱愛正官。既見官。忌食傷以合制之。身弱印強怕正官。既見官。忌官印再加重。

拘身　日干強愛正官。既見官。忌食傷以合制之。日干弱怕正官。既見官。忌財旺以生之。

制刼　身強有刼愛正官既見官忌食傷以合制之。身弱賴刼怕正官既見官忌財官再加重。

食神

食神之構成　我所生。而與我同性者是也。例如甲木日干。見丙火。木能生火。丙火為甲木所生。而甲為陽性。丙亦為陽性。兩性相同。故丙即甲之食神。按甲見丙見巳。乙見丁見午。丙見辰見戌。丁見己見丑未。戊見庚見申。己見辛見酉。庚見壬見亥。辛見癸見子。壬見甲見寅。癸見乙見卯。皆為食神。

食神雜談　食神者。一名爵星。又名壽星。蓋陽生陽。陰生陰。雖為洩氣。而食神之所生者則為財。財乃養命之源。身與食神有如父子。子旺則生起財來。以奉父母。豈不即是爵星乎。又身之最畏者。當為七殺。來尅而壽即不永。食神乃能制伏七殺。使不敢來尅。俾一身得以優遊裕餘者。食神之力也。豈不即是壽星乎。財被食生。寬裕不竭。然後人之爵祿豐。殺被食制。不敢為禍。然後人之壽元長。此食神之所以大有造於人命也。

食神之能力　洩身　生財　制殺　損官

食神之利

洩身　日干強。財官無氣。即以強頑為患。遂愛食神。食神能吐日干之秀氣也。例如

癸丑　甲乙寅卯東方全。況在鶯啼蝶舞之候。
乙卯　春木正旺。身強可知。益以癸子兩水之
甲子　生木。更嫌太過。全局了無精彩。唯喜丙

生財　身強財弱。尤愛食神。食神能生財也。例如

己卯　干甲乙支寅卯。刼比如林。己
丙寅　土正財剝奪殆盡。若無丙火
甲子　食神之生財。勢將身旺無所

丙寅　火食神、發洩秀氣、尚不致爲頑木耳、

制殺　殺重身輕。舉動盡爲牽制。卽愛食神。食神能制伏七殺。一將當關。羣邪自服。而身得以自由矣、例如

庚申　三木三金、以質量論、無分軒輊、然
甲申　而秋金當旺、秋木凋零、以勢力論、
甲戌　木自不敵於金、殺乃強過於身、而
丙寅　需乎丙火食神之制殺矣、

食神之弊

洩身　日干弱。遂怕食神。己身尚不健全。何堪再見食神洩氣。例如

乙酉　天干甲乙丙、地支丑戌酉、時在
丙戌　九秋、土金佔優勢、甲日仍患財
甲戌　官之旺、則丙火食神、既生財、又
乙丑　洩身、洵非弱主所喜也、

制殺　身強殺淺。卽怕食神。身方假殺爲權。何堪再見食神制去、例如

庚寅　甲雖失令於秋、乃兩見寅祿、時得長生、
丙戌　形與氣既不爲弱、且嫌繁蕪、正喜庚金
甲寅　七殺之尅伐、何期丙火食神、制住庚金、

乙亥　寄託、則爲下命決矣、

損官　官強身弱。舉動盡爲束縛。亦愛食神。食神能損官存身。使身漸得舒適。例如

辛酉　秋月甲木、見申酉戌辛、官
丙申　旺可畏、丙火食神、尅合辛
甲戌　金、使金勢稍抑、日主稍揚、
丙寅　則損官卽所以救主也。

生財　財多身弱、尤怕食神。身既不能任財。何堪再見食神生財。例如

丙戌　土重木折、財旺身輕、尚幸甲木比肩、
戊戌　亦能尅土、未始非一臂之助、然而丙
甲辰　火食神、生財有力、日主本危、何堪再
甲戌　經其盜洩眞元、并以挹注旺財哉、

損官　身旺官弱。亦怕食神。身方以官爲尊。何堪再見食神損去。例如

丙戌　春木而又多幫扶、既旺且強、去蕪存
辛卯　菁、端賴辛金正官、然有丙火食神之
甲子　尅合、辛乃用武無地、一官受損、以致

乙亥　未竟斧鑿之功焉成棟樑之材　乙亥　八字平凡減色爲何如哉

食神所喜

洩身　日干強。愛食神。既見食。喜財以流通之。日干弱。怕食神。既見食。喜印以合制之。

生財　身強財弱。愛食神。既見食。喜逢財生發。身弱財強。怕食神。既見食。喜印助身旺。

制殺　殺重身輕。愛食神。既見食。喜比刼食傷生助。身強殺淺。怕食神。既見食。喜見財以和解之。

損官　官多身弱。愛食神。既見食。喜比刼食傷生助。身重官輕。怕食神。既見食。喜見財以和解之。

食神所忌

洩身　日干強。愛食神。既見食。忌梟印奪去之。日干弱。怕食神。既見食。怕再生財。轉輾洩弱。

生財　身強財弱。愛食神。既見食。忌梟印奪去之。身弱財強。怕食神。既見食。忌財多轉輾洩弱。

制殺　殺重身輕。愛食神。既見食。忌財星黨殺。身強殺淺。怕食神。既見食。忌比刦食傷再助食。

損官　官多身弱。愛食神。既見食。忌財重洩食生官。身重官輕。怕食神。既見食。忌比刼食傷再助食。

偏正印（偏印一名梟神）

偏正印之構成　生我而與我同性者。爲偏印。生我而與我異性者。爲正印。例如甲木日主見壬癸水。水能生木。甲木爲壬癸水所生。甲爲陽性。壬亦爲陽性。兩性相同。故壬是甲之偏印。甲爲陽性。癸爲陰性。陰陽相異。故癸是甲之正印。按甲見壬。見亥。乙見癸。見子。丙見甲。見寅。丁見乙。見卯。戊見丙。見巳。己見丁。見午。庚見戊。見辰戌。辛見己。見丑未。壬見庚。見申。癸見辛。見酉。皆爲偏印。甲見癸。見子。乙見壬。見亥。丙見乙。見卯。丁見甲。見寅。戊見丁。見午。己見丙。見巳。庚見己。見丑未。辛見戊。見辰戌。壬見辛。見酉。癸見庚。見申。皆爲正印。

偏正印雜談　印綬者。乃五行生我之名。乃我氣之源。爲生氣。爲父母。又能護我官星。使無傷尅。具此格者。主聰明。多智慧。性慈惠。語善良。平生少病。亦且少逢凶橫。若爲官則必清廉。不拘文武。皆掌印信。

偏正印之能力 生身 洩官殺 禦傷 挫食

偏正印之利

生身 日干弱。當賴印綬滋扶身旺。例如

丁卯 亥卯半木局。子辰半水局。時在初冬水
辛亥 令。則偏重於水木財官而戊土輕矣。妙
戊子 有丁火正印。丙火偏印。協力生身。使日
丙辰 主可以任財任官。其功詎淺鮮哉。

禦傷 日干強。傷官力重。全賴印綬駕禦傷官。例如

戊戌 金多而又在金令。其耗竊戊土猛烈非
辛酉 常。雖有年頭兩比。可以幫身。然而丁巳
戊申 兩印之禦制傷官。其功尤偉。諺謂揚湯
丁巳 止沸。不如釜底抽薪。即此意也。

偏正印之弊

生身 日干強。財官力薄。更怕印綬助身。例如

丙辰 重土重火。日干強極。而官藏無力。
戊戌 財露被劫。自屬下命。然則何需乎
戊午 丙午兩印之生身耶。印之爲害。既
壬戌 甚。當先謀去之之道。爲上策矣。

洩官殺 日干弱。官殺力強。身不能任。當賴印綬洩官殺而助身。例如

癸卯 官重身輕。以乙木正官之得令。戊
乙卯 土日元之失時。設非丁火正印。盜
戊子 洩旺官。生助弱主。幾成危局。此所
丁巳 以印綬之大有造於斯命也。

挫食 日干弱。食神太重。當賴印之挫食。例如

丙申 戊見一庚三申。洩氣可憎。自喜丙
丙申 火偏印之滋身挫食。而以情勢權
戊戌 衡。挫食之事。更較滋身爲重要。若
庚申 拘於食神不宜梟奪之說。則鑿矣。

洩官殺 日干強。官殺力薄。更怕印綬洩之。例如

乙未 八字中土占其五。比劫既多。日主
丙戌 自強。幸有乙木正官之疏土拘身。
戊午 乃又有丙火午火印綬洩官。致官
己未 不能直接尅日。豈非全功盡棄乎。

禦傷　日干強。傷官力薄。更怕印綬禦去傷官。例如
丙戌　土旺身強、所賴辛金傷官發
辛丑　洩秀氣。然丙火梟印。禦去辛
戊戌　命。致日主旺無所依。命局之
戊午　不可收拾。即爲此一印耳。

挫食　日干強。食神力薄。更怕印之挫食。例如
庚子　此命與上例相彷。旺土賴庚金
丙戌　食神以吐秀。所憾丙火梟印挫
戊戌　制食神。亦病重藥輕之造。土重
戊午　爲病。而丙火爲病中之病也。

偏正印之喜

生身　日干弱。有印綬生身。最喜官星生印。日干強。又有印綬生身。即喜財以制之。

洩官殺　日干弱。官殺強有印綬洩官殺。喜印比兩旺，日干強。官殺弱。又有印綬洩官殺。喜財扶官殺。

禦傷　日干弱。傷官強。有印綬禦傷官。喜印旺禦傷助身。日干強。傷官弱。又有印綬爲禦傷官喜財旺尅印以制之。

挫食　日干弱。食神強。有印綬挫食。喜印旺去食。日干強。食神弱。又有印之挫食。喜財旺尅印以制之。

偏正印之忌

生身　日干弱。幸有印綬助身。忌貪財壞印。日干強。又有印綬助身。忌再印扶身旺。

洩官殺　日干弱。官殺強。幸有印綬洩官殺。忌貪財壞印。日干強。官殺弱。又有印綬洩官殺。再忌印扶身旺。

禦傷　日干弱。傷官強。幸有印綬禦傷。忌貪財壞印。日干強。傷官弱。又有印綬禦傷。忌印扶身旺。

挫食　日干弱。食神強。幸有印之挫食。忌貪財壞印。日干強。食神弱。又有偏印奪食。忌印扶身旺。

偏正財

偏正財之構成　我所尅。而與我異性者。爲正財。我所尅。而與我同性者。爲偏財。例如甲木日主。見戊己土。木能尅土。戊己土爲甲木所尅。甲爲陽性。戊亦爲陽性。兩性相同。故戊是甲之偏財。甲爲陽性。己爲陰性。陰陽相異。故己是甲

之正財。按甲見戊見辰戌乙見己見丑未丙見庚見申丁見辛見酉戊見壬見亥己見癸見子庚見甲見寅辛見乙見卯壬見丙見巳癸見丁見午皆爲偏財甲見己見丑未乙見戊見辰戌丙見辛見酉丁見庚見申戊見癸見子己見壬見亥庚見乙見卯辛見甲見寅壬見丁見午癸見丙見巳皆爲正財

偏正財雜談　人何由而覓利。非用精神心力不可得也。我所尅者何以名之曰財。蓋卽分勞我力。而後得者也。有精力。然後可以圖財可以享用八字亦然首須身強。方堪任財身弱財旺。則如人之衰微不振雖有偶得之財。不堪享用且或因財滋禍故衡命論財亦須先顧身主並非財多定爲美也俗以正財爲妻財偏財爲衆人之財。亦有以正財爲汗血應得之財偏財爲意外倖得之財。皆非通理。不可拘泥

偏正財之能力　生官殺　洩傷食　制梟　壞印

偏正財之利

生官殺　日干強。官殺力輕。尚不全美。當賴正偏財生起官殺方能成爲大用。例如

乙亥　丁火如豆不能制大塊之金。身太重
甲申　而官太輕甲乙雙財並透。生助正官。
庚申　足補此憾矣故八字甚成大用乃精
丁丑　於財之生官非僅官之尅身也。

制梟　日干強。偏印力亦強。身旺何需印綬。當賴偏財制去梟神。使不橫來生身。例如

甲辰　庚命兩得申祿。不愁孱弱。

洩傷食　日干強。傷食力亦強。雖日干之秀氣。已洩於傷食。而傷食則過抑未舒。當賴正偏財洩之。藉以流通。例如

癸卯　初秋三庚支全申子辰年上透癸。
庚申　金水並行母強子健。庚因生水而
庚子　秀氣發越癸水傷官。以卯木正財
庚辰　之洩而亦有所寄託生生不息矣

壞印　日干強。正印力亦強。身旺不須正印。當賴正財破壞之。使身不過旺。例如

乙亥　庚日得祿於申。乘旺於酉。投庫於

戊辰　一戊二辰之梟印生身。反
庚申　爲駢枝。不如借甲木偏財
甲申　以去之。爲清淨也。

偏正財之弊

生官殺　日干弱。最怕財旺生官殺。來尅日干。例如
甲寅　木旺金衰。財多身弱最憾
丁卯　財再生官。使官來尅身。形
庚午　勢尤危。乃木火財官狼狽
乙酉　爲奸。欲遠禍患更不易矣。

制梟　日干弱。最怕財星制去梟神。以絕日干之生。例如
戊辰　水本成羣。庚金走洩無止。戊土梟
甲子　印雖生庚。奈先受制於甲財。財神
庚寅　非僅祟身。且能害母。剷除根本。爲
甲申　禍更甚於洩傷食生官殺也。

己丑　丑根基極深。固不喜再見幫扶。然
庚申　則乙木正財。破壞己土正印。正所
乙酉　以去繁就簡也。何憾之有耶。

洩傷食　日干弱。最怕財洩傷食。以分日干之力。例如
癸未　庚金失令。援助又少。固畏羣水之洩氣。然若
乙卯　單見水星。耗盜尚有限制。豈可又見木來洩
庚子　水。轉輾分力。則財之洩傷食而挫日。與夫生
庚辰　官殺而尅身。其爲害乃異途而同歸也。

壞印　日干弱。最怕財星破壞正印。絕其滋助。例如
乙未　庚金困於水木之包圍。己土正
己卯　印因乙財之破壞。似有若無。勢
庚子　大適爲我敵。勢小難爲我助。與
甲申　上述之命同一抱憾耳。

偏正財之喜

生官殺　日干強。有財生官殺。喜官殺旺則成功。日干弱。有財生官殺。喜印生比刦以制之。

洩傷食　日干強。傷食重。有財洩傷食。喜財旺生發。日弱傷食輕。有財洩傷食。喜比刦以制財。

制梟　日干強。不須梟神生身。喜財來制梟。日干弱。有財星制梟。喜比刦以解之。

壞印　日干強。不勞印綬再助身。喜傷食生財。助財破印。日干弱。有財壞印。喜比刦尅去財星以存印。

偏正財之忌

生官殺 日干强。幸有財來生官殺。忌比刼奪財。日干弱。又有財去生官殺。忌官殺再旺而尅身。

洩傷食 日干强。幸有財來洩傷食。忌比刦奪財。日干弱。又有財去洩傷食。忌財旺分力。

制梟 日干强。幸有偏財制梟。忌比刦再奪財。日干弱。又有偏財制梟。忌傷食生財。

壞印 日干强。幸有正財壞印。忌比刦再奪財。日干弱。又有正財壞印。忌傷食生財。

比刼祿刃篇

五行分尅我。我尅。生我。我生。比和。五項。又以陰陽同性及互異之分。乃其代名詞。即所謂七殺。正官。傷官。食神。偏正印。偏正財及比肩。刼財者出焉。七殺。食神正官傷官。已爲各立一格於六神篇中。偏正財。偏正印亦不分偏正。併而曰印曰財。詳論於六神篇內。茲再述比肩刼財之損益如後。祿與刃乃助身之物。其效用利弊。與比肩刼財頗有相似處。故附論之。

比肩之構成 與我同類。而又同性者是也。如甲見甲。見寅。既同屬木類。又同爲陽性耳。按甲見甲見寅。乙見乙見卯。丙見丙見巳。丁見丁見午。戊見戊見辰戌。己見己見丑未。庚見庚見申。辛見辛見酉。壬見壬見亥。癸見癸見子。皆爲比肩。

刼財之構成 與我同類而異性者是也。如甲日遇乙。甲爲木。乙亦爲木。是同類也。甲爲陽性。乙爲陰性。是同類而異性也。故乙爲甲之刼財。按甲見乙見卯。乙見甲見寅。丙見丁見午。丁見丙見巳。戊見己見丑未。己見戊見辰戌。庚見辛見酉。辛見庚見申。壬見癸見子。癸見壬見亥。皆爲刼財。

祿之構成 我之本氣也。如甲木本氣在寅。寅即甲之祿也。按甲見寅。乙見卯。丙戊見巳。丁己見午。庚見申。辛見酉。壬見亥。癸見子。皆爲祿。

刃之構成　祿前一位爲刃。如甲之祿在寅卯乃寅前一位。故爲甲之刃。惟陽順陰逆。陰干以後作前。故祿前一位爲刃。卽祿後一位爲刃。如乙之祿在卯。寅乃卯後一位。故爲乙之刃。按甲見卯乙見寅丙戊見午丁己見巳庚見酉辛見申壬見子。癸見亥。皆爲刃。

比刼祿刃淺解　有謂在干爲比。在支爲祿。在干爲刼。在支爲刃。此理甚通。蓋甲祿在寅。寅中有甲木比肩。乙祿在卯。卯中有乙木比肩。丙戊祿在巳。巳中有丙戊比肩。丁己祿在午。午中有丁己比肩。庚祿在申。申中有庚金比肩。辛祿在酉。酉中有辛金比肩。壬祿在亥。亥中有壬水比肩。癸祿在子。子中有癸水比肩。甲刃在卯。卯中乙木。爲甲之刼財。乙刃在寅。寅中甲木。爲乙之刼財。丙戊刃在午。午中丁己。爲丙戊之刼財。丁己刃在巳。巳中丙戊。爲丁己之刼財。庚刃在酉。酉中辛金。爲庚之刼財。辛刃在申。申中庚金。爲辛之刼財。壬刃在子。子中癸水。爲壬之刼財。癸刃在亥。亥中壬水爲癸之刼財。由此益見陰干之刃在寅申巳亥。爲可信矣。刃者。旺而越過其分也。故祿前一位爲刃。蓋祿前一位。卽帝旺耳。陰陽萬物之理。皆惡極盛。所謂滿易招損。刃因太旺。故其性剛烈。其氣暴戾。祿則刃後一位。乃旣盛而未極。故温柔和暢。甲刃在卯。丙戊刃在午。庚刃在酉。壬刃在子。無一非帝旺也。陽順陰逆。陽以前爲前。則陰以後爲前。而祿前卽祿後。故乙祿在卯。而刃在寅。丁己祿在午。而刃在巳。辛祿在酉。而刃在申。癸祿在子。而刃在亥。亦無一非帝旺耳。俗以陰干之刃在辰戌丑未。夫辰戌丑未爲墓地。非旺地。豈堪作刃。其不可信也明矣。

比刼祿刃之能力　幫身　任官殺　代洩　奪財

比刼祿刃之利

幫身　日干弱。無論財官食傷。均足以耗吾之身。而不爲我福。得有比刼祿刃幫身。則耗我身者。可爲吾用矣。例如

己巳　財官食神雖美。乃日主虛弱。如人

任官殺　日干弱。見官則受拘束。見殺則爲壓制。蓋官殺卽畏憚之甚。安足云任。茍得比刼祿刃敵官殺而不畏憚。反足任之以有爲矣。例如

戊子　壬亦憚於重土之壓。是卽殺重身輕。旣有

丙寅　之富貴而病豈能享受榮華。還以
壬子　撐身進補爲是。於焉壬水比肩子
壬寅　水刼刃能幫吾身爲可貴矣。

代洩　日干弱。見傷食不爲我福。而反足以盜洩。比刼祿刃可以代我受洩則傷食反爲福神矣。例如

乙卯　衆木盜水幸癸子兩刼代日主受洩。則乙木
癸未　食神始爲忌神而終爲福星。爲忌神者。憚其
壬子　走洩也。爲福星者。既有刼財代洩不爲我害
乙巳　可以安然任之且或有生財制殺之利耳。

比刼祿刃之弊

幫身　日干強。怕比刼祿刃幫扶。蓋至強則無依矣。例如

癸巳　壬水生於亥月。坐於申金。巳臨旺
癸亥　鄉何需干頭比刼之幫身則比刼
壬申　非惟爲枝駢拇指且足以促成身
壬寅　旺無依之危險可畏也已。

代洩　日干強。見傷食則秀氣可吐。怕比刼祿刃競代受洩。分我秀氣。例如

癸亥　乙木傷官洩旺壬而吐秀。祗以水多木
戊午　壬水比肩子水刼刃協力抵敵。日主可以
壬戌　任殺矣。或謂火土遠過於水星。仍患身弱。
壬寅　此乃另一問題。非在本條討論範圍內也。

奪財　日干弱。見財則身益弱。得比刼祿刃之奪財。則不爲財役矣。例如

壬申　火炎水灼財重身輕。不奇印
丙午　比之生扶却喜壬水比肩之
壬寅　制財制財而有力是爲我除
丙午　害也勝於同氣相助多矣。

任官殺　日干強。喜官殺爲我用。怕比刼祿刃敵官殺。而分官殺之力。例如

己亥　壬生申月。源遠流長。正喜己土正官之
壬申　拘身築堤。乃月上壬比。年支亥祿。以及
壬子　日下子刃推波助瀾。衝擊堤岸。共分任
丙午　正官使日主漫無節制。爲害豈淺鮮哉。

奪財　日干強。最喜財。怕比刼祿刃奪財。例如

壬午　冬日可愛。壬水自喜丙火午火。況又

癸亥　漂。功效盡棄。故身強之造。不喜重重刼
壬申　比之代洩。其唯一理由。蓋即母多子虛。
乙巳　亦如人之寵子太過。反多流弊耳。

壬子　倚以爲養命之財耶。不幸刼比林立。
壬子　刼奪一空。如資財拮据之人而又萑
丙午　苻遍地。其不歌行路之難得乎。

比刼祿刃之喜

幫身　日干弱。有比刼祿刃幫身。喜身旺有生發。日干強。有比刼祿刃幫身。喜官殺以制之。

任官殺　日干弱。有比刼祿刃敵官殺。喜身殺兩相停（停者平均也）日干強。又有比刼祿刃敵官殺。喜財旺生官殺。

代洩　日干弱傷食多。有比刼祿刃代爲受洩。喜印制傷食而生身。日干強。又有比刼祿刃代受傷食之洩。喜財官兩旺。

制財　日干弱。有比刼祿刃制財。喜印生身。日干強。又有比刼祿刃制財。喜官殺制之。

比刼祿刃之忌

幫身　日干弱。幸有比刼祿刃幫身。忌官殺來制。日干強。又有比刼祿刃幫身。忌再印生身旺。

任官殺　日干弱。幸有比刼祿刃任官殺。忌財旺助官殺。日干強。又有比刼祿刃任官殺。忌再印旺生身而洩官殺。

代洩　日干弱。幸有比刼祿刃代受傷食之洩。忌官殺將比刼祿刃剋去。日干強。又有比刼祿刃代受傷食之洩。忌印來破食生身。

制財　日干弱。財多則愈弱。幸有比刼祿刃制財。忌傷食生財。日干強。見財而又被比刼祿刃制去。忌再印旺生身。

韋氏命學講義　卷五

韋千里編著

格局（用神附）

凡人秉命。必有一格。八字之有格局。如人之有姓名。上自達官貴人。下至販夫走卒。無人無之也。惟格有成敗。太過不及之互異。故人有貧賤富貴之不等。格局名目衆多。大別之八格與外格兩種。茲先述八格。如後八格者。正財格。偏財格。正官格。七殺格。正印格。偏印格。食神格。傷官格是也。

八格之取法

(一)月支本氣。透於天干。(如寅月透甲。卯月透乙。辰月透戊。巳月透丙。午月透丁。未月透己。申月透庚。酉月透辛。戌月透戊。亥月透壬)應先取以為格。

(二)干上未透月支本氣。而透月支所藏之神。即以該神取為格局。(如寅月未透甲木於干上。而透丙或透戊。則可取丙或戊為格)若支藏兩神並透干上。則斟擇其一為格。(以有力而無尅合者為上)

(三)月支本氣未透。月內所藏之神亦不透。以月內人元輕重較量。擇一有力而無尅合者為格。

(四)比刼不能取格。祿刃非在八格之內。

十干十二月取格詳例

上述八格取法。計有四項。普通八字。不脫此四項範圍。惟取格為推命第一部手續。格定。然後可以論用神。及喜忌休咎。其關係最為重要。特再舉詳例以明之。

甲生寅月。寅為甲祿。非在八格之內。詳於外格篇中。

甲生卯月。卯為刼刃。非在八格之內。詳於外格篇中。

甲生辰月。干透戊土。為偏財格。透癸水。為正印格。若戊癸皆不透。亦可酌取其一。

甲生巳月。干透丙火。為食神格。透庚金為七殺格。透戊土為偏財格。若丙庚戊皆不透。亦可酌取其一。

甲生午月。干透丁火。為傷官格。透己土為正財格。若丁己皆不透。亦可酌取其一。

甲生未月。透干己土。為正財格。透丁火為傷官格。若丁己皆不透。亦可酌取其一。

甲生申月。干透庚金。爲七殺格。透戊土。爲偏財格。透壬水。爲偏印格。若庚壬戊皆不透。亦可酌取其一。
甲生酉月。干透辛金。爲正官格。不透亦可取。
甲生戌月。干透戊土。爲偏財格。透辛金。爲正官格。透丁火。爲傷官格。若辛丁戊皆不透。亦可酌取其一。
甲生亥月。干透壬水。爲偏印格。不透亦可取。
甲生子月。干透癸水。爲正印格。不透亦可取。
甲生丑月。干透己土。爲正財格。透癸水。爲正印格。透辛金。爲正官格。若己癸辛皆不透。亦可酌取其一。
乙生寅月。干透戊土。爲正財格。透丙火。爲傷官格。若丙戊皆不透。亦可酌取其一。
乙生卯月。卯爲乙祿。非在八格之內。詳於外格篇中。
乙生辰月。干透戊土。爲正財格。透癸水。爲偏印格。若戊癸皆不透。亦可酌取其一。
乙生巳月。干透丙火。爲傷官格。透庚金。爲正官格。透戊土。爲正財格。若丙庚戊皆不透。亦可酌取其一。
乙生午月。干透丁火。爲食神格。透己土。爲偏財格。若丁己皆不透。亦可酌取其一。
乙生未月。干透己土。爲偏財格。透丁火。爲食神格。若丁己皆不透。亦可酌取其一。
乙生申月。干透庚金。爲正官格。透戊土。爲正財格。透壬水。爲正印格。若庚壬戊皆不透。亦可酌取其一。
乙生酉月。干透辛金。爲七殺格。不透亦可取。
乙生戌月。干透戊土。爲正財格。透辛金。爲七殺格。透丁火。爲食神格。若辛丁戊皆不透。亦可酌取其一。
乙生亥月。干透壬水。爲正印格。不透亦可取。
乙生子月。干透癸水。爲偏印格。不透亦可取。
乙生丑月。干透己土。爲偏財格。透辛金。爲七殺格。透癸水。爲偏印格。若己癸辛皆不透。亦可酌取其一。
丙生寅月。干透甲木。爲偏印格。透戊土。爲食神格。若甲戊皆不透。亦可酌取其一。

丙生卯月。干透乙木。爲正印格。不透亦可取。

丙生辰月。干透戊土。爲食神格。透乙木。爲正印格。透癸水。爲正官格。若戊乙癸皆不透。亦可酌取其一。

丙生巳月。巳爲丙祿。非在八格之內。詳於外格篇中。

丙生午月。干透己土。爲傷官格。不透亦可取。

丙生未月。干透己土。爲傷官格。透乙木。爲正印格。若乙己皆不透。亦可酌取其一。

丙生申月。干透庚金。爲偏財格。透戊土。爲食神格。透壬水。爲七殺格。若庚壬戊皆不透。亦可酌取其一。

丙生酉月。干透辛金。爲正財格。不透亦可取。

丙生戌月。干透戊土。爲食神格。透辛金。爲正財格。若戊辛皆不透。亦可酌取其一。

丙生亥月。干透壬水。爲七殺格。透甲木。爲偏印格。若壬甲皆不透。亦可酌取其一。

丙生子月。干透癸水。爲正官格。不透亦可取。

丙生丑月。干透己土。爲傷官格。透辛金。爲正財格。透癸水。爲正官格。若己癸辛皆不透。亦可酌取其一。

丁生寅月。干透甲木。爲正印格。透戊土。爲傷官格。若甲戊皆不透。亦可酌取其一。

丁生卯月。干透乙木。爲偏印格。不透亦可取。

丁生辰月。干透戊土。爲傷官格。透乙木。爲偏印格。透癸水。爲七殺格。若乙戊癸皆不透。亦可酌取其一。

丁生巳月。干透庚金。爲正財格。透戊土。爲傷官格。若戊庚皆不透。亦可酌取其一。

丁生午月。午爲丁祿。非在八格之內。詳於外格篇中。

丁生未月。干透己土。爲食神格。透乙木。爲偏印格。若乙己皆不透。亦可酌取其一。

丁生申月。干透庚金。爲正財格。透壬水。爲正官格。透戊土。爲傷官格。若庚壬戊皆不透。亦可酌取其一。

丁生酉月。干透辛金。爲偏財格。不透亦可取。

丁生戌月。干透戊土。爲傷官格。透辛金。爲偏財格。若戊辛皆不透。亦可酌取其一。
丁生亥月。干透壬水。爲正官格。透甲木。爲正印格。若壬甲皆不透。亦可酌取其一。
丁生子月。干透癸水。爲七殺格。不透亦可取。
丁生丑月。干透己土。爲食神格。透辛金。爲偏財格。透癸水。爲七殺格。若己癸辛皆不透。亦可酌取其一。
戊生寅月，干透甲木。爲七殺格。透丙火。爲偏印格。若甲丙皆不透。亦可酌取其一。
戊生卯月，干透乙木。爲正官格。不透亦可取。
戊生辰月。干透乙木。爲正官格。透癸水。爲正財格。若乙癸皆不透。亦可酌取其一。
戊生巳月。巳爲戊祿。非在八格之內。詳於外格篇中。
戊生午月。干透丁火。爲正印格。不透亦可取。
戊生未月。干透丁火，爲正印格。透乙木。爲正官格。若乙丁皆不透。亦可酌取其一。
戊生申月。干透庚金。爲食神格。透壬水。爲偏財格。若庚壬皆不透。亦可酌取其一。
戊生酉月。干透辛金。爲傷官格。不透亦可取。
戊生戌月。干透辛金。爲傷官格。透丁火。爲正印格。若辛丁皆不透。亦可酌取其一。
戊生亥月。干透壬水。爲偏財格。透甲木。爲七殺格。若壬甲皆不透。亦可酌取其一。
戊生子月、干透癸水。爲正財格。不透亦可取。
戊生丑月。干透癸水。爲正財格。透辛金。爲傷官格。若辛癸皆不透。亦可酌取其一。
己生寅月。干透甲木。爲正官格。透丙火。爲正印格。若甲丙皆不透。亦可酌取其一。
己生卯月。干透乙木。爲七殺格。不透亦可取。
己生辰月。干透乙木。爲七殺格。透癸水。爲偏財格。若乙癸皆不透。亦可酌取其一。

己生巳月。干透丙火爲正印格。透庚金爲傷官格。若丙庚皆不透。亦可酌取其一。
己生午月。午爲己祿。非在八格之內。詳於外格篇中。
己生未月。干透乙木爲七殺格。透丁火爲偏印格。若乙丁皆不透。亦可酌取其一。
己生申月。干透庚金爲傷官格。透壬水爲正財格。若庚壬皆不透。亦可酌取其一。
己生酉月。干透辛金爲食神格。不透亦可取。
己生戌月。干透丁火爲偏印格。透辛金爲食神格。若丁辛皆不透。亦可酌取其一。
己生亥月。干透壬水爲正財格。透甲木爲正官格。若壬甲皆不透。亦可酌取其一。
己生子月。干透癸水爲偏財格。不透亦可取。
己生丑月。干透辛金爲食神格。癸透水爲偏財格。若辛癸皆不透。亦可酌取其一。
庚生寅月。干透甲木爲偏財格。透丙火爲七殺格。透戊土爲偏印格。若甲丙戊皆不透。亦可酌取其一。
庚生卯月。干透乙木爲正財格。不透亦可取。
庚生辰月。干透戊土爲偏印格。透乙木爲正財格。透癸水爲傷官格。若乙戊癸皆不透。亦可酌取其一。
庚生巳月。干透丙火爲七殺格。透戊土爲偏印格。若丙戊皆不透。亦可酌取其一。
庚生午月。干透丁火爲正官格。透己土爲正印格。若丁己皆不透。亦可酌取其一。
庚生未月。干透己土爲正印格。透乙木爲正財格。透丁火爲正官格。若乙己丁皆不透。亦可酌取其一。
庚生申月。申爲庚祿。非在八格之內。詳於外格篇中。
庚生酉月。酉爲刼刃。非在八格之內。詳於外格篇中。
庚生戌月。干透戊土。爲偏印格。透丁火。爲正官格。若丁戊皆不透。亦可酌取其一。
庚生亥月。干透壬水。爲食神格。透甲木。爲偏財格。若壬甲皆不透。亦可酌取其一。

庚生子月。干透癸水。爲傷官格。不透亦可取。
庚生丑月。干透己土。爲正印格。透癸水。爲傷官格。若己癸皆不透。亦可酌取其一。
辛生寅月。干透甲木。爲正財格。透丙火。爲正官格。透戊土。爲正印格。若甲丙戊皆不透。亦可酌取其一。
辛生卯月。干透乙木。爲偏財格。不透亦可取。
辛生辰月。干透戊土。爲正印格。透乙木。爲偏財格。透癸水。爲食神格。若乙戊癸皆不透。亦可酌取其一。
辛生巳月。干透丙火。爲正官格。透戊土。爲正印格。若丙戊皆不透。亦可酌取其一。
辛生午月。干透丁火。爲七殺格。透己土。爲偏印格。若丁己皆不透。亦可酌取其一。
辛生未月。干透己土。爲偏印格。透丁火。爲七殺格。透乙木。爲偏財格。若乙己丁皆不透。亦可酌取其一。
辛生申月。干透壬水。爲傷官格。透戊土。爲偏印格。若戊壬皆不透。亦可酌取其一。
辛生酉月。酉爲辛祿。非在八格之內。詳於外格篇中。
辛生戌月。干透戊土。爲正印格。透丁火。爲七殺格。若丁戊皆不透。亦可酌取其一。
辛生亥月。干透壬水。爲傷官格。透甲木。爲正財格。若壬甲皆不透。亦可酌取其一。
辛生子月。干透癸水。爲食神格。不透亦可取。
辛生丑月。干透己土。爲偏印格。透癸水。爲食神格。若己癸皆不透。亦可酌取其一。
壬生寅月。干透甲木。爲食神格。透丙火。爲偏財格。透戊土。爲七殺格。若甲丙戊皆不透。亦可酌取其一。
壬生卯月。干透乙木。爲傷官格。不透亦可取。
壬生辰月。干透戊土。爲七殺格。透乙木。爲傷官格。若乙戊皆不透。亦可酌取其一。
壬生巳月。干透丙火。爲偏財格。透庚金。爲偏印格。透戊土。爲七殺格。若丙庚戊皆不透。亦可酌取其一。
壬生午月。干透丁火。爲正財格。透己土。爲正官格。若丁己皆不透。亦可酌取其一。

壬生未月。干透己土。爲正官格。透丁火。爲正財格。透乙木。爲傷官格。若乙己丁皆不透。亦可酌取其一。

壬生申月。干透庚金。爲偏印格。透戊土。爲七殺格。若戊庚皆不透。亦可酌取其一。

壬生酉月。干透辛金。爲正印格。不透亦可取。

壬生戌月。干透戊土。爲七殺格。透丁火。爲正財格。透辛金。爲正印格。若戊丁辛皆不透。亦可酌取其一。

壬生亥月。亥爲壬祿。非在八格之內。詳於外格篇中。

壬生子月。子爲刼刃。非在八格之內。詳於外格篇中。

壬生丑月。干透己土。爲正官格。透辛金。爲正印格。若己辛皆不透。亦可酌取其一。

癸生寅月。干透甲木。爲傷官格。透丙火。爲正財格。透戊土。爲正官格。若甲丙戊皆不透。亦可酌取其一。

癸生卯月。干透乙木。爲食神格。不透亦可取。

癸生辰月。干透戊土。爲正官格。透乙木。爲食神格。若戊乙皆不透。亦可酌取其一。

癸生巳月。干透丙火。爲正財格。透戊土。爲正官格。透庚金。爲正印格。若丙戊庚皆不透。亦可酌取其一。

癸生午月。干透丁火。爲偏財格。透己土。爲七殺格。若丁己皆不透。亦可酌取其一。

癸生未月。干透己土。爲七殺格。透丁火。爲偏財格。透乙木。爲食神格。若乙丁己皆不透。亦可酌取其一。

癸生申月。干透庚金。爲正印格。透戊土。爲正官格。若庚戊皆不透。亦可酌取其一。

癸生酉月。干透辛金。爲偏印格。不透亦可取。

癸生戌月。干透戊土。爲正官格。透丁火。爲偏財格。透辛金。爲偏印格。若戊丁辛皆不透。亦可酌取其一。

癸生亥月。干透甲木。爲傷官格。不透亦可取。

癸生子月。子爲癸祿。非在八格之內。詳於外格篇中。

癸生丑月。干透己土。爲七殺格。透辛金。爲偏印格。若己辛皆不透。亦可酌取其一。

八格之成功

正官爲格

（一）日干強。又有財來生官。（二）日干弱。正官強。有印生身。（三）正官不見七殺混雜。

偏正財爲格

（一）日干強。財亦強。再見官星。（二）日干弱。財星強。有印比護身。（三）日干強。財星弱。有傷食生財。

偏正印爲格

（一）日干強。印輕。逢官殺。（二）日干強。印亦強。有傷食洩身。（三）日干強。印又多。見財透出。減弱印綬之力。（但不可財根太深。與印互鬪而致印敗。）

食神爲格

（一）日干強。食亦強。再見財。（二）日干強。殺尤過之。食神制殺而不見財。（三）日干弱。食神洩氣太過。見印護身。

七殺爲格

（一）身強。（二）日干強。殺尤過之。有食制殺。（三）日干弱。殺旺。有印生身。（四）殺身兩停。無官混殺。

傷官爲格

（一）日干強。傷官生財。（二）日干弱。傷官洩氣。有印護身。（三）日干弱。傷官旺。而殺印雙透。（四）日干強。殺重。傷官駕殺。

八格之破壞

正官爲格

（一）見傷官而無印。（二）遇刑冲破害。（三）殺來混雜。

正偏財爲格

（一）日干強。財輕。刼比又重。（二）遇刑冲破害。（三）日干弱。七殺重。財又生殺。

偏正印爲格

（一）日干弱。印本輕。又逢財壞。（二）日干弱。殺太重。而又多官印。（三）遇刑冲破害。

食神爲格

（一）日干強。食輕。又逢梟。（二）日干弱。食神生財。而又露殺。（三）遇刑冲破害。

七殺爲格

（一）遇刑冲破害。（二）日干弱。（三）財黨殺而無制。

傷官爲格

（一）見官。（二）日干弱。又多財。（三）日干強。傷官輕。而又多印。（四）遇刑冲破害。

八格之太過

正官爲格

（一）官星得令。又衆多。日主衰弱不堪。（二）官強身弱。又多財星生官。

偏正財爲格

（一）財得令。而又衆多。日主衰弱不堪。（二）財旺身弱。又多傷食之洩身生財。

偏正印爲格

（一）印重又得令。日弱而財輕。（二）印與刼比皆強。獨傷食財官輕淺。

傷食爲格

（一）傷食太重。日主太輕。無印或多財。（二）身強殺淺。傷食重而制殺太過。又無財解。

七殺爲格

(一)殺太重。身太輕。不見傷食。(二)財多身弱。殺又得財生。

八格之不及

正官為格

(一)身強過於官。又無財星滋官。(二)身強過於官。又多印之洩官。傷食之尅官。

偏正財為格

(一)身強多比刼祿刃。(二)財無傷食之生。而多刼印之剝奪。

偏正印為格

(一)財重無官。(二)多比刼祿刃。

傷食為格

(一)印重身輕。(二)身弱而財官太多。

七殺為格

(一)食重無財。(二)身強印強。

八格之用神

日主有強有弱。格局有成有敗。有太過有不及。今有一字。能助格局之成功。救格局之破敗。抑格局之太過。日主之太強。扶格局之不及。日主之太弱。此字即用神也。命以用神得力為上。用神不得力為下。無用神為更下。日主格局。猶人之軀體。用神猶人之靈魂。靈魂與軀體豈可須臾相離。則用神於命局之重要可以見矣。論命者。論用神也。其可忽乎。特述八格用神之取法如後。

正官格

日干弱。正官為格。財星重。取比刼為用。無比刼則用印。

日干弱。正官爲格。傷食多。取印爲用。

日干弱。正官爲格。官殺重。取印爲用。

日干強。正官爲格。劫比多。取官爲用。

日干強。正官爲格。印多。取財爲用。

日干強。正官爲格。多見傷食。宜用財。

偏正財格

日干弱。財爲格。傷食多。取印爲用。

日干弱。財爲格。財重宜用比劫。

日干弱。財爲格。官殺多見。宜用印。

日干強。財爲格。若劫比重重。用傷食爲宜。用官殺亦佳。

日干強。財爲格。印多見。用財爲宜。

偏正印格

日干弱。印爲格。多官殺。宜用印。

日干弱。印爲格。多傷食。尤宜用印。

日干弱。印爲格。多財宜用劫比。

日干強。印爲格。比劫重重。有官殺則用官殺。無官殺則用傷食。

日干強。印爲格。印重則宜用財。

日干強。印爲格。財多宜用官殺。

食神格

日干弱。食神爲格。官殺多見。宜用印。
日干弱。食神爲格。財多。宜用比刼。
日干弱。食神爲格。傷食重。取印爲用。
日干強。食神爲格。印多。取財爲用。
日干強。食神爲格。刼比重重。取食傷爲用。
日干強。食神爲格。財多。取官殺爲用。

七殺格

日干弱。七殺爲格。財多。以刼比爲用。
日干弱。七殺爲格。傷食多見。取印爲用。
日干弱。七殺爲格。官殺重重。取印爲用。
日干強。七殺爲格。比刼多見。取印爲用。
日干強。七殺爲格。印多見。取財爲用。
日干強。七殺爲格。官殺重重。取傷食爲用。

傷官格

日干弱。傷官爲格。財多。取比刼爲用。
日干弱。傷官爲格。官殺多。取印爲用。
日干弱。傷官爲格。傷食重重。取印爲用。
日干強。傷官爲格。比刼多。宜用七殺。
日干強。傷官爲格。印多。取財爲用。

八格取用補綴

上述八格用神。寥寥數例。豈能包括億萬命造。取法亦不足爲規範。蓋一命有一命之情形。非權衡通變不爲功。拘泥拘執則不免毫釐千里之弊。爰再拉雜數語如後。藉補遺漏於萬一。

用神之需要

(一)有勢有力(如用甲木。適當春月。)(二)有援助。(如用甲木。見乙木或癸水之助。)(三)在干得氣。(如用甲木支見寅卯。)(四)在干不見尅合。(如用甲木。無庚尅己合。)(五)在支得干生助(如用巳火得甲木資生丙火幫助)(六)在支無刑冲合害。(如用巳火不見亥冲寅刑。)(七)既見冲尅而有解救(如用甲木受庚尅辛亦有乙木合庚或丙火尅庚。又如用巳火被亥冲。幸見卯木三合亥水。)

用神之區別

(一)健全 用神無尅合刑冲。謂之健全。(二)相神 用神之力不足。幸有他字生助用神受刑冲尅合。幸有他字解救。此生助或解救之字。謂之相神。在命局中與用神有同等之重要。(三)格局相兼 如以財爲格用神亦屬財。乃格局而兼用神。其重要更可知矣。

外格篇

論命由陰陽五行干支之生尅。進而取八格與用神。已可十得八九。然尚有越出常理。非八格可遍及者。遂有外格之設。外格名目繁多。茲擇其通於理而可徵信者。分論於後。

曲直格

曲直格之構成 甲乙日干。生於春月。地支全寅卯辰東方。或亥卯未木局。而無庚辛申酉等字。例如

壬寅 甲木生於卯月支全寅卯辰

再如 癸亥 乙木生於卯月地支亥卯

癸卯　東方一片秀氣。天干又得壬
甲辰　癸甲資生比輔。全無庚辛申
甲子　酉之冲尅。是爲曲直格。

乙卯　未結成木局。天干又得癸
乙卯　乙資生比輔全無庚辛申
癸未　酉之冲尅。亦爲曲直格。

曲直格之用神　既已構成曲直格。則其秀氣完全萃聚於日干之木。即以木爲用神。忌金尅伐。喜水木相助。見火吐秀亦善。逢土爲財。有火則不妨。

炎上格

炎上格之構成　丙丁日干。生臨夏月。地支全巳午未南方。或寅午戌結成火局。無壬癸亥子等字。例如

丁巳　丙火生於午月。支全巳午未南
丙午　方。一片眞火之氣。天干又得乙
丙寅　丙丁資生比輔。全無壬癸亥子
乙未　之冲尅。是爲炎上格。

再如

丙戌　丁火生於午月。柱中雖有壬水。全無
甲午　水氣。且與日干丁火作合。地支寅午
丁卯　戌結成火局。天干得有甲丙資生比
壬寅　輔。無癸水子水。亦爲炎上格。

炎上格之用神　既已構成炎上格。則其秀氣完全萃聚於日干之火。即以火爲用神。忌水尅滅。喜木火相助。見土吐秀亦善。逢金爲財。有土則不妨。

稼穡

稼穡格之構成　戊己日干。生於四季月。地支全辰戌丑未。或四柱純土。而無甲乙寅卯等字。如

戊戌　戊土生於未月。支全辰
己未　戌丑未一片土氣。天干
戊辰　又得戊己比輔。甲乙寅
癸丑　卯之冲尅。是爲稼穡格。

再如

戊辰　己土日干。生於未月。地支
己未　辰未皆是土位。天干又全
己未　戊己一片土氣。并無甲乙
戊辰　寅卯之冲尅。亦爲稼穡格。

稼穡格之用神　既已構成稼穡格，則其秀氣完全萃聚於日干之土。即以土爲用神。忌木尅。喜火土相助。見金吐秀。亦妙。逢水爲財。有金則不妨。

從革格

從革格之構成　庚辛日干。生於秋月。地支全申酉戌西方。或巳酉丑結成金局。無丙丁午未等字。如

戊申　庚金生於酉月。地支全申酉
辛酉　戌酉方一片金氣。天干戊辛
庚戌　又資生比輔。全無丙丁午未
乙酉　之冲尅。是爲從革格。

再如

戊戌　辛金生於酉月。地支巳酉
辛酉　丑結成金局。天干又得戊
辛巳　己辛資生比輔。無丙丁午
己丑　未之冲尅。亦爲從革格。

從革格之用神　既已構成從革格。則其秀氣完全萃聚於日干之金。即以金爲用神。忌火尅。喜土金相助。見水吐秀。亦妙。逢木爲財。有水則不妨。

潤下格

潤下格之構成　壬癸日干。生於冬月。地支全亥子丑北方。或申子辰結成水局。無戊己未戌等字。如

壬申　壬水生於子月。地支申子
壬子　辰結成水局。天干又得庚
壬辰　壬生資比輔。無戊巳未戌
庚子　之冲尅。是爲潤下格。

再如

辛亥　癸水生於子月。地支全亥
庚子　子丑北方。天干又得庚辛
癸丑　癸資生比輔。無戊己未戌
癸丑　等冲尅。亦爲潤下格。

潤下格之用神　既已構成潤下格。則其秀氣完全萃聚於日干之水。即以水爲用神。忌土尅。喜金水相助。見木吐秀。亦妙。逢火爲財。有木則不妨。

從財格

從財格之構成　日主衰弱。生當財月。理取正偏財爲格。而地支純屬財地。或結財局。天干再透出生財輔財之字。日干刼無一點生旺之氣。不能任財。只得從之。例如

庚戌　丙火日干生於酉月死地。正財提綱。
乙酉　地支又全成申酉戌財地。天干乙木
丙申　被庚合。己土又生財。日干全無一點
己丑　生氣。難以任財。是爲從財格。

再如

戊申　丁火日干。生於酉月財地。
辛酉　地支巳酉丑申。會成財局。
丁巳　天干戊辛。辛又資生比輔財
辛丑　星日干無氣。亦作從財論。

從財格之用神　既已構成從財格。則其秀氣完全萃聚於所從之財。即以財爲用神。喜傷食財之幫扶。忌比刦剝奪。亦忌印之助身。逢官不妨。

從殺格

從殺格之構成　日主衰弱。官旺而多。無印滋身。身實不能任殺。祇得從之。例如

戊戌　乙木日干生於酉月絕地。年日
辛酉　時支。又皆墓絕之鄉。七殺當令
乙酉　而又衆多。乙木全無生氣。豈能
乙酉　任之。祇能從殺。是即從殺格也。

從殺格之用神　既已構成從殺格。則其勢力完全在於殺。即以殺爲用神。惟與八格用殺者不同。蓋獨喜財殺滋生。忌印之洩殺生身。刼比抗殺亦非宜。

按日主衰弱。官旺而多。無印滋身。身實不能任官。可作從官格論。其用神之喜忌。與從殺格同。

從兒格

從兒格之構成　日主衰弱。無印生身。傷食當旺。或且天干結黨。地支會局。身實不能任其盜洩。祇得從之。傷食爲我

所生。故名從兒格。例如

丁卯　癸水生於孟春木旺乘權。支全
壬寅　寅卯辰東方一氣。四柱絕金。日
癸卯　主有洩無生。實不能任此旺木。
丙辰　不得已而從之。從兒格成矣。

從兒格之用神　既已構成從兒格。即以傷食為秀氣。為用神可也。不怕比刼。蓋比刼仍去生助傷食也。喜逢財星。謂之兒又生兒。仍得轉輾生育。秀氣流行矣。逢官殺不利。蓋官殺尅身。勢必為己之害耳。況官殺與傷食又屬冰炭。不容乎。最忌印綬。因印能尅制傷食也。逢傷食為助用自亦可愛。

從旺格

從旺格之構成　四柱皆比刦。絕無官殺之制。或有印綬之生。是旺之極者。祇得從其旺神。例如

癸卯　甲木生於仲春。支逢兩卯之
乙卯　旺。寅之祿。亥之生。干有乙之
甲寅　刼。癸之印。旺之極矣。無財官
乙亥　傷食可取。唯有作從旺論焉。

從旺格之用神　既已構成從旺格。即以比刦為用神。喜印綬比刼之生助。逢官殺謂之犯旺。凶禍立至。遇財星羣刦相爭。九死一生。若局中印輕。逢傷食不妨。

從強格

從強格之構成　四柱印綬重重。比刦亦多。日主又不失令。絕無一毫財星官殺之氣。謂之二人同心。宜順而不宜逆。則即從強可也。例如

壬子　甲生卯月。值最旺之鄉。干見
癸卯　壬癸之印。甲木之比。地支又
甲子　子水三朋。財官絕跡。強之極
甲子　矣。捨從強之外。無其他善策。

從強格之用神　既已構成從強格。即以強神爲用神。（可以印綬與比刼並用）逢比刼印綬。順其強神。最爲吉利。食傷以有印綬冲尅而必凶。見財星官殺謂之觸怒強神。勢尤殆矣。

化氣格

化氣格之構成

甲日己時
己日甲時
甲日己月
己月甲日
生辰戌丑未月。不見木。爲化土格。

丙日辛時
辛日丙時
丙日辛月
辛日丙月
生申子辰亥月。不見土。爲化水格。

戊日癸時
癸日戊時
戊日癸月
癸日戊月
生寅午戌巳月。不見水。爲化火格。

例如

戊辰　甲木生於九秋。土旺
壬戌　乘權。甲己合而化土。
甲辰　不見他木。則無尅破。

乙日庚時
庚日乙時
乙日庚月
庚日乙月
生巳酉丑申月。不見火。爲化金格。

丁日壬時
壬日丁時
丁日壬月
壬日丁月
生亥卯未寅月。不見金。爲化木格。

甲申　乙庚合而化金。時在
癸酉　仲秋。化神得令。四柱
乙丑　無火之尅破。殆亦傑

己巳 而格局純粹矣。
甲辰 冬水方旺。丙辛合而
丙子 化水。又見壬水元神。
辛丑 美妙無倫。辰丑皆溼
壬辰 土。不以尅破論也。

丙戌 戊癸合而化火。雖不在夏火當
戊戌 旺之令。然有丙巳兩火之引化。
癸巳 甲寅兩木之助化。且不見水星
甲寅 之尅。自亦化而有餘之象。

化氣格之破敗

(一)因尅而破。例如
庚戌 丙辛相合時在仲
戊子 冬。化水成立。乃戊
辛未 土未土戌土。競相
丙申 尅水。格局破矣。

(三)因化而破。例如
壬辰 甲己化土於季夏。孤

庚辰 出之造也。
己卯 丁壬合而化木。因在
丁卯 仲春。爲木之最旺時
壬午 令。格局純粹。八字無
癸卯 金。尤爲可貴耳。

(二)因妬而破。例如
甲戌 仲春木旺。丁壬可以化
丁卯 木。然化由合而成。今夫
壬午 兩丁妬合一壬。合且因
丁未 妬而分力。遑論化耶。

丁未　因丁壬化木於年月。
甲子　木來尅土。是謂化神
己巳　破化神格亦敗矣。

化氣格之轉敗爲成

（一）因剋而破破而復成。例如

辛酉　乙庚化金於秋月。所畏
丙申　丙火之破金。幸年干辛
乙丑　合合絆丙火。害而不害。
庚辰　此因合而轉敗爲成也。

甲戌　甲己化土而得令。憾於年頭
丁丑　甲木之破土。所幸丁火居月
甲申　上。盜洩甲木而生助化神。此
己巳　因生而轉敗爲成也。

（二）因妬而破破而復成。例如

壬寅　壬日左右皆丁。縱在未月。固妬而化
丁未　木不成。然年干亦壬。成兩丁兩壬。如
壬子　璧人雙雙。何妬之有。則仍化木而無
丁未　疑矣。此因合而轉敗爲成也。

甲子　時在辰月。支全申子辰。丙辛
戊辰　合而化水。獨畏戊土破化。然
丙申　有甲先制戊。戊不能爲化神
辛卯　之害。此因尅而轉敗爲成也。

丁丑　丙火多生。凝於兩辛妬合。不能
辛亥　化水。倘幸年丁尅去月辛。丙日
丙午　仍可合時上之辛而化爲水也。
辛卯　此因尅而轉敗爲成耳。

化氣格之必不可成者

（一）隔位例如

辛亥　丙生子月。辛透年
庚子　上。年日之地位遠
丙寅　隔。合且勉強。豈可
壬辰　進而化水哉。

（二）不得月令。例如

丙午　丁壬雖緊貼相合。然以時非木令。豈能化
戊戌　木。縱化矣。亦不得旺乘權。格局焉能成立。
丁亥　雖不必春日木令。方可化木。但亦須在亥
壬寅　未之月。蓋木生於亥而庫在未也。

化氣格之用神　既已構成化氣格。自喜生助化神。惟化神太強。亦有喜洩而以洩者爲用神。或化格逢破而得救。即以救神爲用神。然終無以剋破化神之字。爲用神者也。至於喜忌順用神則爲喜。逆用神則爲忌。即以順逆之機消息可也。

建祿格

建祿格之構成　凡月支爲日干之祿。甲日寅月。乙日卯月。丙戊日巳月。丁己日午月。庚日申月。辛日酉月。壬日亥月。癸日子月。皆爲建祿格。因不在八格之內。故立於外格篇。

建祿取格之原因　月支爲命局之提綱。八格由是取出。日干強弱。亦由此推定。提綱得祿。先得月令之旺氣。日主必不甚衰。猶人之精神已充。總可做些事業。若再財官印食等匹配適當。尤爲美命無疑。年支日支時支得祿。輔身力弱。俗書雖多取以爲格。然終不若建祿之重要。無足可貴也。

建祿格之用神

建祿格。財多身弱者。用比刼最宜。

建祿格。財多身強者。用官殺最宜。無官殺用傷食亦可。

建祿格。官殺多。身弱者。用印最宜。

建祿格。官殺多。身強者。用財最宜。
建祿格傷食多。身弱者。用印最宜。
建祿格。傷食多。身強者。用財最宜。
建祿格。比刧多。用官殺最宜。
建祿格。印多。用財最宜。

月刃格

月刃格之構成　凡月支爲日干之刃。甲日卯月。庚日酉月。壬日子月。皆爲月刃格。因不在八格之內。故附論於外格篇。

月刃取格之原因　甲日卯月。庚日酉月。壬日子月。月建皆爲刧財。刧財無取格之理。祇得取月刃爲格。蓋刃者。極旺之地位。日干旣強極。若多財殺。亦爲美造。惟不宜再多幫身。否則爲下命決矣

月刃之不取者　刃乃旺而越過其分。總是凶暴之物。臨於提綱。其勢更強。舒配得當。方可賴以輔身敵殺。否則奪財滋禍。影響尤大。除甲日卯月庚日酉月壬日子月無別格可取。祇得取刃。下列諸命。皆應避去而覓別字爲格。

乙日寅月不取刃格而取寅內丙火傷官。或戊土偏財。
丙日午月不取刃格而取午內己土傷官。
戊日午月不取刃格而取午內丁火正印。
丁日巳月。不取刃格而取巳內庚金正財。或戊土傷官。
己日巳月。不取刃格而取巳內丙火正印。或庚金傷官。
辛日申月。不取刃格。而取申內戊土正印。或壬水傷官。
癸日亥月不取刃格而取亥中甲木傷官。

月刃格之用神

月刃多財。宜用官殺。

月刃多官殺。宜用財。

月刃多傷食。亦宜用財。

月刃多比刼。必用官殺。

月刃多印。宜用財。

月刃而滿盤財官傷食。宜取印爲用。

外格結論

攷八字有外格之設。無非爲其越出常情也。然越出常情。亦得有規矩存焉。否則雜亂無章。直爲下命耳。上述各外格。雖寥寥無幾。但皆秉一氣之旺。而殊嚴格於規律者。非若他格之求諸迂迴曲折。或散漫無紀也。今請一一言之。建祿格月刃格。皆得月令之旺也。曲直炎上潤下從革稼穡等格。亦得時令之旺。而成局成方。較有秩序者也。從財從官從殺從兒從旺從強等格。亦一氣之旺。惟旺於從神。非日主本身之旺耳。化氣格乃以化神之得旺而成立。要言之。異途而同歸。皆成於一旺字也。若身旺而月非祿刃。身旺而支僅亥未或卯辰以致曲直不全。從財從官而日主有根。從兒而有官印。從旺從強而略帶財官。合化而不得時令。是皆下等之命。豈可與各外格同日而語哉。毫釐千里之別。不可不愼察也。化氣格變幻較多。但亦通於理者。惟不易推究耳。如己合甲。仍是土。庚合乙。仍是金。然單己之土。丁壬兩見。自以印財論。合甲之土。丁壬兩見。即以木論矣。獨庚之金。戊癸兩見。自以印傷論。合乙之庚。戊癸兩見。即以火論矣。蓋日主旣因合而化。則他干亦得逢合而化。但地支逢合。不作化論。因支中所藏人元。不止一字。再兼本支複雜錯綜。化不勝化矣。或詢從旺與從強。有何分別。此乃昭然兩義。從旺者本身之旺也。印綬不過爲其賓耳。從強者。身與印停均而兩神皆旺也。

韋氏命學講義卷六

韋千里編著

行運篇

人之富貴貧賤。窮通善惡。已在八字中而定。惡乎復用行運爲哉。顧人之窮通善惡。雖不能出乎八字之外。而行運扶之抑之。足使善者益善。惡者愈惡。此行運之所以不可忽也。

行運之能力

（一）八字純善。并無惡神破壞。（甲）行扶善運。足使善者益善。功名富貴無可限量。（乙）行破壞運。雖不爲害。而必略見抑塞。稍不如志。

（二）八字雖善。而有惡神破壞。（甲）行去惡運。則八字中所有之好處立至。（乙）再見已破壞之善神及所制之惡神。則壞處亦立見。

（三）八字純惡。并無善神制伏。（甲）再行激惡運。足使惡者愈惡。其貧賤災禍慘不忍聞。（乙）行制伏運。雖不能爲福。而小草春風。亦可片時得志。

（四）八字雖惡。却有善神制伏。（甲）行去善運。則八字中所有之壞處立見。（乙）再見所制之善神。則好處亦立見。

善運惡運之分析

日干弱。正官爲格。財星重。取比刼爲用。無比刼則用印。逢印比之運爲善。財官之運爲惡。

日干弱。正官爲格。食傷多。取印爲用。逢官印之運爲善。傷財之運爲惡。

日干弱。正官爲格。官殺重。取印爲用。逢印比之運爲善。財官七殺之運爲惡。
日干強。正官爲格。刼比多。取官爲用。逢財官之運爲善。印比之運爲惡。
日干強。正官爲格。印多。取財爲用。逢財食之運爲善。印比之運爲惡。
日干強。正官爲格。多見傷食。宜用財。逢財官之運爲善。比刼之運爲惡。
日干弱。財爲格。傷食多。取印爲用。逢印比之運爲善。傷財之運爲惡。
日干弱。財爲格。財重。用比刼。逢比刼之運爲善。傷食財鄉爲惡。
日干弱。財爲格。官殺多見。用印。逢印比之運爲善。財官七殺之運爲惡。
日干強。財爲格。若刼比重重。用傷食或用官殺。逢傷食官殺之運爲善。印比之運爲惡。
日干強。財爲格。印多見。用財爲宜。逢傷食財運爲善。印比官殺之運爲惡。
日干弱。印爲格。多官殺。用印。逢印比之運爲善。財官之運爲惡。
日干弱。印爲格。多傷食。用印。逢印比之運爲善。傷食財鄉爲惡。
日干弱。印爲格。多財。用刼比。逢刼比之運爲善。傷食財鄉爲惡。
日干強。印爲格。比刼重重。有官殺則用官殺。無官殺則用傷食。逢官殺傷食之運爲善。逢刦比印鄉爲惡。
日干強。印爲格。印重。用財。逢傷財運爲善。官印比刦之運爲惡。
日干強。印爲格。財多。用官殺。逢官印之運爲善。傷財之運爲惡。
日干弱。食神爲格。官殺多見。用印。逢印比之運爲善。財官七殺之運爲惡。
日干弱。食神爲格。財多。用比刼。逢印比之運爲善。傷財官殺之運爲惡。
日干弱。食神爲格。傷食重。取印爲用。逢官印之運爲善。傷食財鄉爲惡。
日干強。食神爲格。印多。取財爲用。逢傷食財鄉爲善。印比之運爲惡。

日干強。食神爲格。刼比重重。取食神爲用。逢傷食財鄉爲善。印比之運爲惡。

日干強。食神爲格。財多。取官殺爲用。逢官殺財鄉爲善。印比之運爲惡。

日干弱。七殺爲格。財多。以刼比爲用。逢印比之運爲善。傷財之運爲惡。

日干弱。七殺爲格。傷食多見。取印爲用。逢印運爲善。傷食財運爲惡。

日干弱。七殺爲格。官殺重重。取印爲用。逢印比之運爲善。財官之運爲惡。

日干強。七殺爲格。比刼多見。取殺爲用。逢財殺之運爲善。印比之運爲惡。

日干強。七殺爲格。印多見。取財爲用。逢傷財之運爲善。官印比刼之鄉爲惡。

日干強。七殺爲格。官殺重重。取傷食爲用。逢傷食之運爲善。官印之運爲惡。

日干弱。傷官爲格。財多。取比刼爲用。逢印比之運爲善。財官之運爲惡。

日干弱。傷官爲格。官殺多。取印爲用。逢印比之運爲善。財官之運爲惡。

日干弱。傷官爲格。傷食重重。取印爲用。逢官印之運爲善。傷食財鄉爲惡。

日干強。傷官爲格。比刼多。用七殺。逢財殺運爲善。印比之運爲惡。

日干強。傷官爲格。印多。取財爲用。逢傷食財鄉爲善。印比之運爲惡。

曲直格。逢水木火運爲善。金運爲惡。

炎上格。逢木火土運爲善。水運爲惡。

稼穡格。逢火土金運爲善。木運爲惡。

從革格。逢土金水運爲善。火運爲惡。

潤下格。逢金水木運爲善。土運爲惡。

從財格。逢傷食官殺運爲善。印比之運爲惡。

從殺格。逢財殺運爲善。印比之運爲惡。

從兒格。逢傷食財鄉為善。逢官殺印綬為惡。

從旺格。逢印綬比刼之運為善。逢財官運為惡

從強格。逢印綬比刼之運為善。逢財官傷食之運為惡。

化土格。逢火土金運為善。木運為惡。

化金格。逢土金水運為善。火運為惡。

化水格。逢金水木運為善。土運為惡。

化木格。逢水木火運為善。金運為惡。

化火格。逢木火土運為善。水運為惡。

建祿格。財多身弱者。用比刼。逢印比之運為善。財官之運為惡。

建祿格。財多身強者。用官殺。逢財官之運為善。印比之運為惡。

建祿格。財多身弱者。用傷食。逢財官傷食之運為善。印比之運為惡。

建祿格。官殺多。身弱者。用印。逢印比之運為善。逢財官之運為惡。

建祿格。官殺多。身強者。用財。逢傷食財鄉為善。印比之運為惡。

建祿格。傷食多。身弱者。用印。逢印比之運為善。傷食財鄉為惡。

建祿格。傷食多。身強者。用財。逢傷食財鄉為善。印比之運為惡。

建祿格。比刼多。用官殺。逢財官之運為善。印比之運為惡。

建祿格。印多。用財。逢傷食財鄉為善。印比之運為惡。

月刃多財。用官殺。逢財官之運為善。印比之運為惡。

月刃多官殺。用財。逢傷食財鄉為善。印比之運為惡。

月刃多傷食用財。逢傷食財鄉爲善。印比之運爲惡。
月刃多刼比用官殺。逢財官之運爲善。印比傷食之運爲惡。
月刃多印用財。逢傷食財鄉爲善。印比之運爲惡。
月刃而滿盤財官傷食取印爲用。逢印比之運爲善。財官傷食之運爲惡。

運之善惡總論

（一）利於用神者。爲善運。（二）利於用神之運。而被柱中他神尅去或合住者。善而不善。但亦不惡。平庸而已。
（三）不利於用神者。爲惡運。（四）不利於用神之運。而被柱中他神尅去或合住者。惡而不惡。但亦不善。平庸而已。

行運年數

古法以一干及一支爲一運。一運管十年。今人以一干一支。各爲一運。一運管五年。此立法之不同。而休咎有異矣。蓋古法一運之吉凶須干支並看。今人則走天干運。卽以該干論吉凶。走地支運。卽以該支論吉凶。管見謂折衷辦法最爲精當。何謂折衷辦法。卽如甲午運。前五年。注重甲字。兼看午字。甲占七分。午占三分。後五年。注重午字。兼看甲字。午居七分。甲居三分。再舉詳例以明之。例如

甲子　辛逢甲乙。又逢亥子丑財多身弱爲患。
丁丑　運逢甲戌。忌甲之輔財。喜戌之幫身。前
辛亥　五年七分甲而三分戌。凶多於吉。後五
乙未　年七分戌而三分甲。吉多於凶。

行運雜綴

身旺而四柱傷盡官星。行財運則當發福。

用官而見傷官。妙入財印之運。

用傷官而多者。宜印運。

用傷官而少者。忌印運。

用傷官而見官者。運入官旺鄉。禍不堪言。雖有吉神解救。亦必生惡疾。甚至殘軀。或遭官事。

傷官原有官星。行去官運發福。

傷官帶印。不宜再行財運。

傷官用印。運行官殺爲宜。印運亦吉。傷食不礙。財運則凶。

傷官多印比。而財淺者。喜行財運或傷官運。

傷官用財者。行財得地運發福。逢敗財運必死。

傷官用財。不宜比刼運。

傷官用財。行財旺身輕運則吉。

傷官而用殺印。印運最利。傷食亦亨。雜印非吉。逢財即危。

四柱殺旺運純。身旺爲官清貴。（運純獨行制殺運也）

時上偏官無制伏。行制運亦可發福。

柱中七殺。坐祿乘旺。如自坐長生臨官帝旺。又帶比刼財能化鬼爲官。運入印鄉必發。

制殺太過爲貧儒。但行財運。醒殺亦發威權。

七殺乘旺。身又逢刃。貴不可言。只忌財旺生殺。歲運加之。身旺且多災。身弱則尤甚。

殺強身弱有印。最忌財運。

殺旺身弱。行身弱運。禍不旋踵。

身強殺淺。殺運無妨。

身殺俱旺。無制伏。又行殺旺運。雖貴不久。

殺重宜制。如行官殺運。不死必貧。

七殺行官殺混雜之運。或制伏太過之運。多去官退職。甚至凶死。

殺用食制。殺重食輕。則喜助食之運。殺輕食重。則喜助殺之運。

殺食平均。而日主根輕。則喜助身之運。

殺帶正官。不論去官留殺。去殺留官。身輕則喜助身。食輕則喜助食。

日干衰弱。但不能從殺。殺卽有制有化。歲運逢財殺旺地。必成災禍。倘更無制無化。歲運逢財逢殺旺地。無不危亡。

身殺兩等。行運寗可扶身。

原有制伏。殺出為福。原無制伏。殺出為禍。（原有、卽八字既有七殺、又有制殺、殺出、卽行殺運也、此指身弱而言、）

官星純正。行運復得官旺之鄉。或官星成局之運。或財旺生官之地。皆是作福之處。（此指身強而言、）

日干弱。財官旺。又有殺混。行運復遇。便是徒流之命。

正官如月時重犯。天干多透。再行官旺鄉。變官為鬼。旺處必傾。多致災夭。

正官格。行殺運。卽是殺來混官。

正官格。行墓運。卽是官星入墓。

財官旺強。日主衰弱。行運至財殺旺鄉。多染勞瘵。

正官為用。大忌行運至傷官之地。更忌刑冲破害之運。

正官而用財印。身稍輕。則喜助身運。官稍輕。則喜助官運。

正官用財。運喜印綬身旺之地。切忌食傷。然若身旺而財輕官弱。仍喜財官運也。

正官帶傷食而用印制。運喜官旺印旺之鄉。正官而帶殺。其命中用比合殺。則財運可行。傷食可行。只不可復露七殺。若命中傷官合殺則傷食與財俱可行而不宜逢印矣。

食神多者。宜行印運。

食神少者。忌行印運。

貪神喜行身旺地。遇梟逢比總成空。

身旺印多。財運無妨。身弱有印殺運何妨。

印有比肩。喜行財運。印無比肩畏行財運。

貪財壞印。喜行比劫之鄉。

印綬太過。不喜再行身旺地。

財多用印。運喜比肩之地。

印太輕。宜官殺運生之。印太多。須財運制之。

財多身弱。畏入財鄉。

財多身弱。身旺運以爲榮。身旺財衰。財旺鄉而發福。

財多全仗印扶身。喬木家聲舊有名。不但妻賢兒子秀。晚年財帛累千金。

柱中無財。若行財運。雖美。有名無實。

財多身弱。又行官鄉。或財旺之運。禍患百出。

財多身弱。要印扶身。身旺財衰。怕刦分奪。

刃用官。則運喜助官。若命中官根深。則印綬比刦之方。反爲美運。刃用殺。殺不甚旺。則運喜助殺。殺若太重則運喜身旺。

小盈大虧。恐是刼財之地。
財多身弱。遇刦爲福。
財弱身旺。見刦爲禍。
多刦又遇刦運。守窮途而悽惶。

流年篇

流年看法

(一)流年干支。利於用神爲善。
(二)流年干支。不利於用神爲惡。
(三)流年干支。利於用神。但爲局中他神剋去或合住。善而不善。然亦不惡。平庸而已。
(四)流年干支。不利於用神。但爲局中他神剋去或合住。惡而不惡。然亦不善。平庸而已。

流年與運之關係

(一)流年善。運亦善。則更妙。
(二)流年善。運惡。則善惡互見。
(三)流年惡。運亦惡。則更惡。
(四)流年惡。運善。則善惡互見。
(五)流年善。惟被局中某神剋合。若運來制住剋合之神。則仍佳妙。
(六)流年惡。惟被局中某神剋合。若運來制住剋合之神。則仍蹇劣。
(七)流年善。惟被局中某神剋合。若運來生輔剋合之神。則凶多吉少。

(八)流年惡惟被局中某神剋合若運來生輔剋合之神則吉多凶少。

(九)流年善運若生助之則更善。

(十)流年惡運若生助之則更惡。

(十一)流年善運若剋挫之則善力減輕。

(十二)流年惡運若剋挫之則惡力減輕。

流年之干支

有謂流年重天干。亦有以天干爲上半年。地支爲下半年。皆非的論。當以干支並看。最較精確。其法有十二。

(一)流年干支皆利於用神乃大吉之年。

(二)流年干支皆不利於用神乃大凶之年。

(三)流年天干利於用神。地支不利於用神乃吉凶參半之年。

(四)流年天干不利於用神地支益助用神。亦吉凶互見之年。

(五)流年天干利用於神而地支再輔助之大吉之年。

(六)流年天干不利用於神而地支再輔助之大凶之年。

(七)流年地支利用於神而天干再輔助之大吉之年。

(八)流年地支不利於用神而天干再輔助之大凶之年。

(八)流年天干利於用神而地支剋挫之吉力減輕。

(十)流年天干不利用於神而地支剋挫之凶力減輕。

(十一)流年地支利於用神而天干剋挫之吉力減輕。

(十二)流年地支不利用於神而天干剋挫之凶力減輕。

月建篇

月建看法

(一)月建干支。利於用神爲善。

(二)月建干支。不利於用神爲惡。

(三)月建干支利於用神。但爲局中他神剋去或合住。善而不善。然亦不惡。平庸而已。

(四)月建干支不利於用神。但爲局中他神剋去或合住。惡而不惡。然亦不善。平庸而已。

月建與流年之關係

(一)月建善。流年亦善。則更炒。

(二)月建善。流年惡。則善中有惡。

(三)月建惡。流年亦惡。則更惡。

(四)月建惡。流年善。則惡中有善。

(五)月建善。惟被局中某神剋合。若流年制住剋合之神。則仍佳妙。

(六)月建惡。惟被局中某神剋合。若流年制住剋合之神。則仍蹇劣。

(七)月建善。惟被局中某神剋合。若流年生輔剋合之神。則凶多吉少。

(八)月建惡。惟被局中某神剋合。若流年生輔剋合之神。則吉多凶少。

(九)月建善。流年再生助之。則更善。

(十)月建惡。流年再生助之。則更惡。

(十一)月建善。流年若剋挫之。則善力減輕。

(十二)月建惡流年若剋挫之則惡力減輕。

月之建干支

月建看法。月干重於月支因支流動而干固定。月建即流月也。或以干為上半月。支為下半月。不甚可信。總宜干支合看。亦有以月支所藏人元分何者當旺幾天而定幾天吉凶更不足信蓋完全偏重於月支誠如此說則月建可無須月干矣看命中強弱且不能以建中人元旺幾天而標定況流年中之流動月建耶

月建與時令

正月必為寅月二月必為卯月。月支固定。故不若月干之重視。然而時令與月建頗有關係焉。特臚述如後。

(一)春令木旺。甲寅月。乙卯月。甲辰月。則木更盛。丙寅月。丁卯月。丙辰月。則火得木生而亦強。戊寅月。己卯月。戊辰月。則土被木剋而不健。庚寅月。辛卯月。庚辰月。則金為木挫而無力。壬寅月。癸卯月。壬辰月。則水受木洩亦疲弱。

(二)夏令火旺。丁巳月。丙午月。丁未月。則火更盛。巳巳月。戊午月。己未月。則土得火生而亦強。辛巳月。庚午月。辛未月。則金被火熔而不健。癸巳月。壬午月。癸未月。則水為火灼而無力。乙巳月。甲午月。乙未月。則木受火洩亦疲弱。

(三)秋令金旺。庚申月。辛酉月。庚戌月。則金更盛。壬申月。癸酉月。壬戌月。則水得金生而亦強。甲申月。乙酉月。甲戌月。則木被金剋而不健。丙申月。丁酉月。丙戌月。則火為金磨而無力。戊申月。己酉月。戊戌月。則甲受金洩亦疲弱。

(四)冬令水旺。癸亥月。壬子月。癸丑月。則水更盛。乙亥月。甲子月。乙丑月。則木得水生而亦強。丁亥月。丙子月。丁丑月。則火被水剋而不健。己亥月。戊子月。己丑月。則土因水泛而無力。辛亥月。庚子月。辛丑月。則金受水洩亦疲弱。

(五)四立前各十八天土旺。戊辰月。己未月。戊戌月。己丑月。則土更盛。庚辰月。辛未月。庚戌月。辛丑月。則金得土生而亦強。壬辰月。癸未月。壬戌月。癸丑月。則水被土剋而不健。甲辰月。乙未月。甲戌月。乙丑月。則木為土折而無力丙辰月。丁未月。丙戌月。丁丑月。則火受土洩亦疲弱。

韋氏命學講義卷七

韋千里編著

六親篇

（何爲六親）六親者。父、母、兄、弟、妻、子、是也。

（六親之更定）舊論父子。殊多謬誤（詳見命理約言）特更定六親看法如後。

（一）（父）男女命皆以生我之印爲父。

（二）（母）仝父。

（三）（夫）剋我之官殺爲夫。

（四）（妻）所剋之財爲妻。

（五）（兄弟）男女命皆以同我之比刼爲兄弟。

（六）（子）男女命皆以我生之傷官食神爲子。

父母妻子之宮位

（一）月爲父母。

（二）日支爲妻。（女命爲夫。）

（子）時爲子息。

六親分論

（一）妻

妻之吉

用神卽是財神。妻美而且富貴。
用神與財神不相悖背。妻亦美好。
財旺身強者。富貴多妻妾。
官星弱。遇食傷。又有財。妻賢而不剋。
刦刃旺而財輕。有食傷。妻賢不剋。
日支爲財。財爲用神。必得妻財妻力。
財神薄。有助財之字。或財旺身弱。有比刦。或財神傷印。有官星。或財薄官多。有傷官。皆主妻賢。
身強殺淺。財星滋殺。或官輕傷重。財星化傷。或印綬重疊。財星得氣。皆主妻賢而富。或得妻財致富。刦比多。財藏庫內。（如甲日多乙己財藏於丑內）妻亦賢而不剋。
財星深藏。有冲動引助。（如庚日乙財。藏於辰內。有戌冲開。及干上丁火護乙。或癸水生乙。）亦主妻賢。

妻之不吉

財神洩氣太重。妻不得力。
身旺無財。妻難偕老。財神輕而無官比刦多。剋妻。
財神重而身弱。無比刦。剋妻。
官殺旺而用印。見財星。主妻陋而剋。
官殺輕而身旺。見財星。遇比刦。主妻美而剋。
刦刃重。財星輕。有食傷。逢梟印。主妻遭凶死。
日支不利於用神。妻不得力。
日支被冲。妻室喪亡。

財星微。官殺旺。無食傷。有印綬。主妻有弱病。
刦刃旺而無財。有食傷。妻賢必尅。妻陋不傷。
日主喜財。財被合化者。主妻有外情。
殺重身輕。財星生殺。或官多用印。財星壞印。或傷官佩印。財星得局。皆主妻不賢而陋。或因妻招禍傷身。

(二)夫

夫之榮枯

官星太旺。以傷官救之。傷官之力有餘則夫榮。不足則夫枯。
官星太微。以財救之。財力有餘則夫榮。不足則夫枯。
傷官旺而無財官。以印救之。印力有餘則夫榮。不足則夫枯。
官星太旺。無比刦。以印救之。印力有餘則夫榮。不足則夫枯。
官星太弱。有傷官。以財救之。財力有餘則夫榮。不足則夫枯。
滿盤比刼而無印無官者。以傷食救之。傷食之力有餘則夫榮。不足則夫枯。
滿局印綬而無官無傷者。以財救之。財力有餘則夫榮。不足則夫枯。
傷官旺。日主衰。以印救之。印力有餘則夫榮。不足則夫枯。
日主旺。傷食多。以財救之。財力有餘則夫榮。不足則夫枯。
官星輕。印綬重。亦以財救之。財力有餘則夫榮。不足則夫枯。
官有殺混。以食神救之。食神之力有餘則夫榮。不足則夫枯。
日支利於用神則夫榮。不利於用神則夫枯。

夫之刑尅

官星微。無財星。日主強。傷官重。必尅夫。
官星微。無財星。日主旺。印綬重。必尅夫。
比刦旺。而無官。必尅夫。
印旺。無財。必尅夫。
官星旺。印綬輕。必剋夫。
比刦旺。無官星。有傷官。印綬重。必剋夫。
食神多。官星微。有印綬。遇財星。必剋夫。
日支爲官逢冲。夫難偕老。

（三）父母

父母之吉

年月官印相生。日時財傷不犯。必上叨蔭庇。
年官月印。月官年印。祖上清高。
年財月印。日主喜印。時日逢官者。知其幫父興家。
年傷月印。日主喜印。時日逢官者。知其父母創業。
年官月印。日主喜官。時日逢財。出身富貴。守成之造。
財官印綬。在於月上。爲日主之喜神。父母不富亦貴。
印不論偏正。但不遭冲剋。則父母俱全。
印之扶抑合宜。則父母雙壽。
印帶貴氣。（如印受官生。或印兼貴人。或印爲用神。）父母榮顯。

父母之不吉

日主喜官。月上傷官。
日主喜財。月上刼財。
日主喜殺。月上逢財。
日主喜比刼。月上逢官殺。
日主喜殺。月上食神。
日主喜傷食。月上逢印。
（以上皆主父母不得力。）
印遭冲剋。父母不全。
印破用神。父母多累。
印衰多財。父母早喪。
財官印綬在於月上。爲日主之忌神。父母不貧亦賤。
印重身輕。亦主不得父母之力。且重仔肩之累。
印重而官殺又多。父母亦不得力。

（四）子女

子女之吉

日主旺。無印綬。有食傷。子必多。
日主旺。印綬重。食傷輕。有財星。子多而賢。
日主旺。無印綬。食傷伏。有官殺。子必多。

日主旺。比劫多。無印綬。食傷伏。子必多。
日主旺。傷官旺。無財印。子多而強。
日主旺。傷官輕。有印綬。財得局。子多而富。
傷食扶助用神。子必佳。
日主弱。食傷重。有印綬。無財星。必有子。
日主弱。無官星。有傷食。必有子。
食傷不遭冲剋。必有子。
食傷喜扶而得扶。喜抑而得抑。則多子。
命中用神。即食傷。子多而得力。
用神居時。子息繁衍。或得子息之力。

子女之不吉

日主旺。印綬重。食傷輕。子必少。
日主弱。印綬輕。食傷重。子必少。
日主弱。食傷輕。無比劫。有官星。子必無。
日主弱。食傷旺。有印綬。遇財星。雖有若無。
日主旺。有印綬。無財星。子必少。
日主旺。印綬重。無財星。必無子。
日主弱。官殺旺。必無子。
日主弱。食傷旺。無印綬。必無子。

火炎土燥。無子。
水泛木浮。無子。
金寒水冷。無子。
重疊印綬。無子。
財官太旺。無子。
滿局食傷無子。
食傷遭冲剋。無子。
食傷受扶太過。無子。
食傷受抑太過。無子。
食傷破壞用神。少子。或子不得力。
剋破用神之字。居於時上。子不得力。

（五）兄弟

兄弟之吉

殺旺無食。或殺重無印。得刼財合殺。必得兄弟之力。
殺旺食輕。或印弱逢財。得比肩敵殺。制財。亦主兄弟得力。
財生殺黨。比刼幫身。大被可以同眠。
日主雖衰。印旺月提。兄弟成羣。
財輕刼重。食傷化刼。可無斗粟尺布之謠。
財輕遇刼。官星明顯。不作煮豆燃萁之詠。

主衰有印。財星逢刼。反許棠棣之競秀。
比刼非太過。亦非不及。兄弟必敬愛。
比刼爲用神。尤得兄弟之力。

兄弟之不吉

官輕傷重。比刼生傷。必遭兄弟之累。
制殺太過。比刼助食。亦主兄弟多累。
財輕刼重。印綬制傷。不免司馬之憂。
殺重無印。主衰傷伏。鴒原能無興歎。
身旺逢梟。梟刼重無官。獨自主持。
梟比重逢。財輕殺伏。未免折翎之悲啼。
比刼破壞用神。兄弟多累。
比刼被用神所破。自己興而兄弟衰。
比刼應扶而不得扶。或應抑而不得抑。兄弟非稀少。即枯澀。

女命篇

女命看法

女命看法。與男命無大異。惟女重夫子二星。取用之道。能夫。子。自身。三者兼顧最妙。否則寧願身主較弱。夫星與子星。切不可受挫。再次必須顧全夫星。更次必須顧全子星。總以夫子兩全者爲上命。至少或夫或子有一可靠。若全不可恃。則爲下命決矣。

女命取用大法

(一)日主強。傷食多。取財爲用。
(二)日主強。傷食多。無財。取印爲用。
(三)日主強。傷食多。無財無印。取傷食爲用。
(四)日主強。官殺多。取傷食爲用。
(五)日主強。官殺多。無傷食。取財爲用。
(六)日主強。官殺多。無傷食無財。以官殺爲用。
(七)日主強。財多。取官殺爲用。
(八)日主強。財多。無官殺。取傷食爲用。
(九)日主強。財多。無官殺。無傷食。取財爲用。
(十)日主強。印多。取財爲用。
(十一)日主強。印多。無財。取官殺爲用。
(十二)日主強。印多。無財。無官殺。取傷食爲用。
(十三)日主強。比刼多。取官殺爲用。
(十四)日主強。比刼多。無官殺。取傷食爲用。
(十五)日主強。比刼多。無官殺。無傷食。取財爲用。
(十六)日主弱。傷食多。取印爲用。
(十七)日主弱。傷食多。無印。取財爲用。
(十八)日主弱。傷食多。無印。無財。取比刼爲用。

(十九)日主弱。官殺多。取印爲用。
(二十)日主弱。官殺多。無印。取傷食爲用。
(二十一)日主弱。官殺多。無印無傷食。取比刼爲用。
(二十二)日主弱。財多。取比刼爲用。
(二十三)日主弱。財多。無比刼。取官殺爲用。
(二十四)日主弱。財多。無比刼。無官殺。以印爲用。
(二十五)日主弱。印多。取財爲用。
(二十六)日主弱。印多。無財。取比刼爲用。
(二十七)日主弱。印多。無比刼。無財。取官殺爲用。

女命取用解釋

(一)日主強。傷食多。身主既健。子星亦美。取財爲用。蓋賴財生官殺。則夫亦榮矣。
(二)日主強。傷食多。無財。身主子星雖美。官殺直接受傷食之剋。夫星有缺。取印爲用。蓋賴印制傷食。以保官殺之夫星耳。
(三)日主強。傷食多。無財。無印。祇身主與子星之佳。官殺受食傷之剋而無救。夫不可靠。取傷食爲用。蓋唯有鞠養愛子。恃以終老耳。
(四)日主強。官殺多。身主與夫星皆健。取傷食爲用。蓋冀子星亦成立也。且官殺多而用傷食制之。亦幫夫之道耳。
(五)日主強。官殺多。無傷食。僅身主與夫星之健。取財爲用。蓋賴財幫夫耳。
(六)日主強。官殺多。無傷食。無財。祇身主與夫星兩健。以官殺爲用。蓋從夫管束。亦婦道之順也。
(七)日主強。財多。身主健。幫夫重。取官殺爲用。則夫得財助。大有可造矣。

（八）日主強。財多。無官殺。身主雖健。幫夫雖重。奈無夫星可助。則取傷食為用。夫既不可靠。唯恃乎子矣。
（九）日主強。財多。無官殺。無傷食。如人之無子無夫可靠。幸有財尚可度生。則不用財星。將歸諸誰耶。
（十）日主強。印多。身既健復得父母旺氣。惟太強則趨剛。非婦道之宜。取財為用。蓋賴財制印。稍殺其威。並以幫夫。
或曰何勿用官殺拘身。殊不知有多印之洩官殺而生身。官殺豈能制身。如妻不受夫制。用財則尚能助夫也。
（十一）日主強。印多。無財制印。身旺已極。取官殺為用。雖不能拘身。官殺究屬夫星。如健婦雖不受夫制。但終須嫁夫從夫也。
（十二）日主強。印多。無財。無官殺。身既太旺。夫又無靠。則唯子之是恃。故以傷食為用也。且日主得印生而生傷食。輾轉相生。則靈秀之氣。亦可吐發矣。
（十三）日主強。比刼多。身主未免太旺。用官殺以拘身。並為夫星。宜矣。
（十四）日主強。比刼多。無官殺。是旺而無制。且無夫星可恃。則用傷食以洩氣。並為子星。宜矣。
（十五）日主強。比刼多。無傷食。無官殺。是旺而無洩剋。且夫子不可靠。取財為用。蓋財分我力。亦可稍殺我勢。且賴以為養命之源也。
（十六）日主弱。傷食多。取印為用。蓋印能制傷食。保官殺。幫弱主。所謂夫子自身三全者。皆印之功也。
（十七）日主弱。傷食多。無印。身既弱極。夫星亦危。（官殺多傷食之剋。無印之救）取財為用。蓋財能洩傷食而生官殺。夫子仍保兩全。僅自身較弱而已。
（十八）日主弱。傷食多。無印。無財。夫危不可靠。子息亦艱。（傷食多。身弱必無子。）則唯保身為尚。故以比刼幫身為用也。
（十九）日主弱。官殺多。夫重身輕。取印為用。蓋印能洩官殺而生我身。與夫得平勻之妙矣。
（二十）日主弱。官殺多。無印。夫太重身太輕。取傷食為用。蓋賴以制官殺。自身雖愈弱。夫子得兩平。亦計之善也。

(二十一)日主弱。官殺多。無印。無傷食。則既夫子兩不可靠。(無傷食則子星爲不及。官殺重則夫星爲太過。)唯強身是尚。故取比刼幫身爲用也。

(二十二)日主弱。財多。取比刼爲用。蓋賴制財則保身生傷食則全子也。

(二十三)日主弱。財多。無比刼則身弱子艱。(財多則傷食受盜洩。身弱則傷食欠生助。子自艱矣。)取官殺爲用。蓋官殺洩財。既可稍殺財勢。亦全夫星之美也。

(二十四)日主弱。財多。無比刼。已身弱子艱。又無官殺。則夫星亦不可靠。其唯強身是尚。故取印生身爲用也。

(二十五)日主弱。印多。夫子身皆不足。(主弱則身不足。印多剋傷食則子不足。印多洩官殺則夫不足。)取財爲用。蓋財能壞印生官殺。三者之病盡去矣。

(二十六)日主弱。印多。夫子身皆不足。又無財之生官殺。並去印。則比用刼，幫身而生食傷。庶身與子得兩全也。

(二十七)日主弱。印多。無比刼。無財。取官殺爲用。蓋求夫星之成立也。

富貴吉壽篇

(富)

財旺生官。官星衞財。

忌印而財能壞印。

喜印而財能生官。

傷食重而財神流通。

財神重而傷食有限。

無財而暗成財局。

財露而傷食亦露。
身旺財旺有食傷或有官殺。
身旺印旺食傷輕而財星得局。
身旺官衰印綬重而財星當令。
身旺刼旺。無財。而有食傷。
身弱財重無官殺而有比刼。
財爲用神而不遭剋破或財助用神而有力。
凡命局有如上述情形皆主富也。

（貴）

官旺身旺。印綬衛官。
忌比刦。而官能去比刦。
喜比刦。而官能生印。
財神旺。而官星通達。
官星旺。而財神有節。
無官而暗成官局。
官星藏。而財亦藏。
身旺官弱。財能生官。
官旺身弱。官能生印。
印旺官衰財能壞印。

印衰官旺。財星不現。
刦重財輕。官能去刦。
財星壞印。官能生印。
印露官亦露。
官爲用神而不遭剋破。
官助用神而有力。
（以上所言之官。偏官正官並指。）
用正官而無偏官混雜。
用偏官而無正官混雜。
偏官旺過於身而有食神制住。
凡命局有如上述情形。皆主貴也。

（吉）

吉者善也。利也。雖非富貴一生少險惡風波。得穩永之妙。論命斷吉。全以標本平均。用神安頓。爲主。茲舉例如後。
身旺用財。有傷食之生財。或有官殺之衛財。
身旺用官。能[illegible]財之生官。或有印之衛官。
身旺用殺。殺重有傷食之制。殺輕有財之生。
身旺用傷食。有財之流通。
身旺用印。有官殺之助印。
身弱用比刼。官星重有印之生身洩官。財星重有官之洩財生印。

身弱用印。有官星生印。或比刼衞印。
凡命局有如上述情形。皆主吉也。

（壽）

五行停勻。
四柱無冲全無。八神
所合者皆閑神。（無關緊要之字。曰閑神。）
冲去者皆忌神。（妨害用神之字。或造成偏枯之字。皆曰忌神。）
留存者皆相神。（幫助用神者。曰相神。）
日主旺而得氣。（地支為日干之長生沐浴冠帶臨官等。謂之日主得氣。）但不趨於太過。
身旺官弱而逢財。
身旺財輕而遇食。
身旺而食傷吐秀。
身弱而印綬當權。
月令無冲無破。
行運皆與用神相神不悖。
凡命局有如上述情形。皆主壽也。

貧賤凶夭篇

（貧）

傷輕財重。
財輕官重。
傷重印輕身弱。
財重刦輕身弱。
財輕喜食傷而印旺。
財輕刼重食傷不現。
財多喜刦官星制刦。
喜印而財星壞印。
忌印而財星生官。
喜財而財神被合。
官殺旺而喜印財星得局。
財為忌神。
用財而被冲破。

凡命局有如左述情形。皆主貧也。

(一)財輕官殺食傷而見印綬。貧而貴。
(二)喜印財星壞印而得官星解救。貧而貴。
(三)官殺旺而身弱。財星生助官殺。有印則一衿易得。亦貧而貴也。無印則老於儒冠。乃清貧之格。
(四)財多身難任。有幫身而不能取用。又不能從財。既貧且賤。

(五)年月財星極美而日時盡量沖之破之。乃先富後貧。或敗盡祖產。而致貧困。

(賤)

賤者思想齷齪。操行卑鄙之謂也。非階級低下之稱也。上級人未必無賤。下級人未必皆賤。所以賤之一字。如僞君子假小人。誠不易辨。亦衡命所最難看耳。

官重印輕而身弱。

官輕[illegible]全無。

官印兩平而日主休囚。

官輕。刦重無財。

官殺重無印。

財輕刦重官藏。

官旺喜印。財星壞印。

官殺重。無印。食傷強制。

官多忌財。財星得局。

凡命局有如上述情形。皆主賤也。

(凶)

凶者逆也。咎也。貧苦而易遭刑傷破敗。多險惡風波。大抵偏枯無救之命局皆凶。

財旺身弱無刦印。

殺重身輕。無傷。食印綬。

用官多傷而無財。

官多身弱而無印。
印刼並重而官輕。
殺輕制重而無財。
滿局比刼而無官殺。
用食而多梟。
忌殺而多財。
喜財而多刼刃。
滿局傷食而無印。
喜印而多財。
官輕而印重。
喜官而殺混。
外格既成而又破。

凡命局有如上述情形。皆主凶也。

（夭）

印綬太旺能衰必落。
財殺太旺日主無依倚。
忌神與用神雜而戰。
喜冲而不冲。
忌合而反合。

忌冲而反冲。
喜合而不合。
日主失令用神淺薄。而忌神深重。
行運與用神相神無情反與忌神結黨。
身旺而尅洩全無。
重用印而財星壞印。
身弱逢印而重疊食傷。
金寒水冷而土濕。
火炎土燥而木枯。
凡命局有如上述情形。皆主夭也。

韋氏命學講義 券八

韋千里編著

補充篇

上輯七卷述焉未詳。致從學諸君。或病簡短。或競質疑。特作補充篇。以濟不逮。

天干

十干陰陽之異。不過陽剛陰柔。陽健陰順。陽不甚受陰尅。陰不甚畏陽尅。陰易於他從。陽難於他從。陽干氣旺。陰干質堅而已。而命家作為歌賦比喻失倫。如稱甲為棟樑。乙為藤蘿。丙為太陽。丁為燈燭。戊為城牆。己為田園。庚為頑鐵。辛為珠玉。壬為江河。癸為雨露。不可信也。

陽干主剛。威武不屈而有惻隱之心。其處世不苟且。陰干主柔。見勢忘義而有鄙吝之心。其處世多驕諂。大都趨利忘義之徒。皆陰氣之爲戾。豪俠慷慨之人。皆陽氣之獨鍾。然陰陽停勻。不偏不倚。尤屬順正之命。自無損人利己之心也。

甲者乙之氣。乙者甲之質。在天爲生氣而流行於萬物者。甲也。在地爲萬物而承茲生氣者。乙也。又細分之。生氣之散布者。甲之甲。而生氣之凝成者。甲之乙。萬物之所以有是枝葉者。乙之甲。而萬木之枝枝葉葉者。乙之乙也。方其爲甲而乙之氣已備。及其爲乙。而甲之質乃堅。有是甲乙。而木之陰陽具矣。以木類推。餘者可知。甲者陽木也。木之生氣也。乙者陰木也。木之形質也。庚者陽金也。秋天肅殺之氣也。辛者陰金也。人間五金之質也。木之生氣。寄于木而行于天。故逢秋天肅殺之氣而銷尅殆盡。而金鐵刀斧反不能傷木之形質。遇金鐵刀斧而斬伐無餘。而肅殺之氣。只可外掃落葉。而根柢愈固。此所以甲以庚爲殺。以辛爲官。而乙則反是也。庚官而辛殺也。丙者陽火也。融和之氣也。丁者陰火也。薪傳之火也。秋天肅殺之氣。逢陽和而尅去。而人間之金。不畏陽和。此庚以丙爲殺。而辛以丙爲官也。人間金鐵之質。逢薪傳之火而立化。而肅殺之氣。不畏薪傳之火。此所以辛以丁爲殺。而庚以丁爲官也。即此以推。而餘者之相尅可知矣。

地支

地支所藏。非僅一干。故生尅制化。其理多端。然以本氣爲主。寅必先甲而後及丙。申必先庚而後及壬。餘支皆然。陽支性動而強。吉凶之驗恆速。陰支性靜而弱。福禍之應較遲。在局在運均以此意消息之

寅卯者。又與甲乙分陰陽天地。而言之者也。以甲乙而分陰陽。則甲爲陽。乙爲陰。木之行於天而爲陰陽者也。以寅卯而分陰陽。則寅爲陽。卯爲陰。木之存乎地而爲陰陽者也。以甲乙寅卯而統分陰陽。則甲乙爲陽。寅卯爲陰。木之在天成象。而在地成形者也。甲乙行乎天。而寅卯受之。寅卯存乎地。而甲乙施焉。

子午卯酉。秉氣最專。寅申巳亥。容積最廣。辰戌丑未。收斂最宜。

子午本屬陽。因子中藏癸水。午中藏丁火。所謂體陽而用陰。故作陰論。巳亥本屬陰。因巳中藏丙火。亥中藏壬水。所謂

體陰而用陽。故作陽論。

陰陽生死

干動而不息。支靜而有常。以每干流行于十二支之月。而生旺墓絕繫焉。陽主聚。以進爲進。故主順。陰主散。以退爲進。故主逆。此長生沐浴等項。所以有陽順陰逆之殊也。四時之運。成功者退。待用者進。故每干流行于十二支之月。而生旺墓絕。又有一定。陽之所生。卽陰之所死。彼此互換。自然之運也。卽以甲乙論。甲爲木之陽。天之生氣流行萬木者。是故生于亥而死于午。乙爲木之陰。木之枝枝葉葉受天生氣者。是故生于午而死于亥。夫木當亥月。正枝葉剝落。而內之生氣已收藏飽足。可以爲來春發洩之機。此其所以生于亥也。木當午月。正枝葉繁盛之候。而甲何以死。却不知外雖繁盛。而內之生氣發洩已盡。此其所以死于午也。乙木反是。午月枝葉繁盛。卽爲之生。亥月枝葉剝落。卽爲之死。以質而論。自與氣殊也。以甲乙爲例。餘可知矣。支有十二月。故每干自長生至胎養。亦分十二位。氣之由盛而衰。衰而復盛。逐節細分。遂成十二。而長生沐浴等名。則假借形容之詞也。長生者。猶人之初生也。沐浴者。猶人旣生之後。而沐浴以去垢也。如果核旣爲苗。則前之靑殼洗而去之矣。冠帶者。形氣漸長。猶人之年長而冠帶也。臨官者。由長而壯。猶人之可以出仕也。帝旺者。壯盛之極。猶人之可以輔帝而大有爲也。衰者。盛極而衰。物之初變也。病者。衰之甚也。死者。氣之盡而無餘也。墓者。造化收藏。猶人之埋于土者也。絕者。前之氣已絕。而後氣將續也。胎者。後之氣續而結聚成胎也。養者。如人養胎母腹也。自是而後。長生循環無端矣。

帝旺爲盛極。盛極將衰。不若長生沐浴冠帶之方興未艾。絕爲衰極。衰極將盛。遠勝衰病死之全無生氣。

干尅

十干代表五行。分爲兩金兩木兩水兩火兩土。金尅木。故庚辛尅甲乙。木尅土。故甲乙尅戊己。土尅水。故戊己尅壬癸。水尅火。故壬癸尅丙丁。火尅金。故丙丁尅庚辛。是以干之相尅。卽代表五行之戰鬭也。

干尅之影響

（一）如庚見甲。庚爲主剋。甲爲受剋。受剋者敗盡無餘。主剋者雖勝亦勞。所謂兩敗俱傷是也。

（二）日干本身逢剋我或我剋。不作兩敗俱傷論。蓋剋我者爲官。我剋者爲財。是我之財官。何爲兩敗耶。

（三）如庚年甲月相剋。既兩敗俱傷。似非局中之喜。然或庚或甲。若爲局中喜神相剋固凶。若爲局中忌神。則因剋而反得解凶也。

干剋之區別

（一）如年庚月甲。地位最爲貼近。剋力亦爲最重。

（二）如庚載申。甲載寅。或兩庚兩甲。勢均力敵。剋力亦重。

（三）如兩庚一甲。一甲已不敵一庚。逢兩庚更如摧枯拉朽。當非勁敵。戰剋反輕。

（四）如兩甲一庚。一甲不敵一庚。兩甲則其力較勁。而戰剋反重。

（五）如一庚一甲。甲爲受剋。然甲木得時或得勢。則庚難取勝。而甲未受創。務必兩弱庚而一強甲。方成戰局也。

（六）如庚年甲日。有月柱間隔。剋力較輕。

（七）如庚年甲時。有月柱日柱間隔。地位愈遠。剋力愈輕。

（八）如庚年壬月甲日。壬水洩庚金而生甲木。則庚與甲有壬調解。似剋而非剋。

（九）如庚年丙月甲日。庚甲本剋。今逢丙火剋庚。則庚甲不剋。而轉爲丙庚相剋矣。

（十）如庚年甲月壬時。雖壬水洩庚金而生甲木。但以壬水遠隔。庚甲地位接近。仍作剋論。

（十一）如庚年甲月丙時。丙在時。庚在年。地位遠隔。不能相剋。庚與甲則地位接近。故仍以庚金剋甲木論也。

（十二）如庚年甲月戊日。若庚金最強。則作庚剋甲。不成甲剋戊矣。若甲木最強。則作甲剋戊。不成庚剋甲矣。若戊土最強。則祇庚可剋甲。而甲不可剋戊。

（十三）陽干剋陽干。陰干剋陰干。剋力最重。陰干剋陽干。次之。陽干往往不剋陰干。作干合論。

干合

庚見甲。二陽相競而成剋。辛見乙。二陰不足而成尅。乙見庚。或庚見乙。則陰陽相見爲合。如男女相見。而成夫婦之道焉。蓋基於易經所謂一陰一陽之謂道。偏陰偏陽之謂疾也。

干合之影響

（一）如甲日見辛。辛爲甲官。若透丙合辛。則辛非甲官矣。丙爲甲食。然既作合。亦非甲食矣。故合者。併去而兩有所絆也。

（二）日干本身之合。不受合去影響。蓋六陽逢財。六陰逢官。俱是作合。如乙日逢庚。乙庚作合。庚爲我官。是我合之。何爲合去耶。

（三）如丙年辛月作合。既丙辛兩有所絆。似非命局之喜。然或丙或辛。若爲日干所喜。合去固凶。若爲日干所忌。則合去反得解凶也。

干合之區別

（一）如甲年己月。甲己之地位緊貼。合力最重。

（二）如甲在年上。己在時上。隔位太遠。合而不能合也。半合也。其爲禍福。得十之二三而已。

（三）如丙辛相合。若丙火得時得勢。縱爲所絆。仍有六七分能力。辛金失時失勢。又被羈絆。力更輕微矣。

（四）如兩辛一丙。兩丙一辛。兩丁一壬。兩壬一丁。猶二女一夫。一女二夫。難免爭妬。故爲妬合。雖有合意。其情不專。爲禍爲福。得十分之五六而已。

（五）如庚年乙月甲日乙時。雖兩乙合一庚。因甲日隔之。全無爭妬之意。年庚月乙。仍作純粹之合也。

（六）如乙年庚月乙日。庚金左右合乙。是皆可合也。妬合是也。乙年乙月庚日。月乙與日庚相合。年乙以地位之隔。雖有合庚之意。而不作合論矣。庚年乙月乙日。年庚合月乙。日乙以地位之隔。雖有合庚之意。亦不作合論矣。

干尅干合並見

命有天干尅合並見者。若用神在於地支。自無議尅議合之必要。惟若用神求諸干上。則必先以尅合之力輕重較量。然後取用爲妥。特立法例五則如後。

(一)如庚年乙月甲日。以地位論。庚乙緊貼。庚甲間隔。當作合不作尅也。

(二)如庚年辛月乙日。以地位論。辛乙緊貼。庚乙間隔。當作尅不作合也。

(三)如甲年庚月乙日。尅合並見。且皆貼近。以主尅受尅論。庚可勝甲。甲不能勝庚。則庚乙相合。甲不得侵。自作合論。

(四)如丙年庚月乙日。尅合並見。且皆貼近。以主尅受尅論。丙能勝庚。庚不能勝丙。則乙庚相合。丙得侵庚。自作尅論。

(五)如丙年庚月乙日。尅合並見。且皆貼近。以勢力論。若丙火得時得勢。則丙可尅庚。庚不可合乙。若庚金得時得勢。則庚可合乙。丙不能尅庚。再若丙庚乙三字。勢均力敵。則作尅不作合。蓋尅力大於合力也。

干合而化

萬物生于土。甲己爲相合之始。故化爲土。土則生金。故乙庚化金次之。金則生水。故丙辛化水又次之。水則生木。故丁壬化木又次之。木則生火。故戊癸化火又次之。而五行遍焉。十干化合。蓋即此義耳。俗書所解。類多迂折。未便深信。茲所欲言者。又有時令。賓主。明暗。地位。歲運。五項。

(一)時令　辰戌丑未月。祗可化土。亥卯未月。祗可化木。巳酉丑月。祗可化金。寅午戌月。祗可化火。申子辰月。祗可化水。寅月兼可化木。申月兼可化金。巳月兼可化火。亥月兼可化水。

(二)賓主　日干逢合則可化。蓋日干爲命之主也。他干逢合不能化。蓋他干爲命之賓也。故如甲日合己月。或合己時。則可化土。若甲年己月。祗合而不化也。(此指非化格而言。若已成化格。他干逢合。亦得化也。)

(三)明暗　透干爲明。藏支爲暗。明與暗。亦祗合不化。如己土透干。與亥中所藏之甲可合不可化。

(四)地位　如甲日己年地位。被月柱所隔。合且勉強。況乎化哉

(五)歲運　如甲日逢己運或己歲。應以正財論。不作化土論。若日干非甲。他干有一甲者。逢一己運己歲。尤不能化。(此亦指非化格而言。若已成化格。他干逢合運或合歲。亦得化也)

支冲

支冲者。地支相隔六位而冲擊。如子午相冲。子中癸水。尅午中丁火。午中己土。又尅子中癸水。互相戰尅也。

支冲之影響

(一)地支中多藏干。相冲之影響。較天干之相尅爲複雜。茲先以本氣時令及多寡採討之。

本氣　兩支相冲戰尅不已。當以本氣爲重。如子之本氣爲水。午之本氣爲火。究屬水尅火。故子勝而午敗。則子午之相冲。午乃受創。子則勞力。

時令　以本氣論。雖子可勝午。然如午月火旺。逢子水子午相冲。午屬得令。子屬失令。則午勝子敗。得令之午無傷。失令之子冲去。

多寡　如午年午月午日午時。以本氣言。以時令言。皆子勝於午。然三午一子。午多子寡。應作午勝。但子敗而不死。較爲無力而已。

(二)局中喜神冲敗則凶。凶神冲敗反吉。

支冲之區別

(一)寅申巳亥之冲。兩敗俱傷。假如寅申逢冲。申中庚金。尅寅中甲木。寅中丙火。未嘗不尅申中庚金。申中壬水尅寅中丙火。寅中戊土。未嘗不尅申中壬水。戰尅不靜也。或爲主尅。或得令。或衆多。可佔優勢。反是則挫敗矣。

(二)辰戌丑未之冲。本氣皆爲土。乃屬同類。不過冲動而已。無戰尅意也。故逢冲動。土因激起而愈旺。至所藏之神

辰中癸水尅戌中丁火。戌中辛金尅辰中乙木。當以得令或衆多佔優。反是則敗。丑中辛金癸水能尅未中乙木丁火。丑易取勝於未。然亦須兼看時令與多寡。方可取決耳

(三)子午酉卯之冲。以所藏最簡。勝敗亦最易分。子中癸水尅午中丁火。午中己土尅子中癸水。酉中辛金純尅卯中乙木。以本氣言。子可勝午。酉可勝卯。再看時令與多寡。不難立決矣

(四)兩支相冲。一在年。一在時。俗名海底冲。實則地位遠隔。全無冲意。如人之遠違兩地。豈能接觸相戰。

(五)兩支相冲。一在年。一在日。或一在月。一在時。間隔一位。冲力減輕。

(六)兩支相冲。一爲日主之旬空。冲力亦減(旬空詳後)

(七)如午年午月子日。祇作午月子日相冲。不作午年子日相冲。

(八)如午年子月午日。若午力強。則子午之冲擊極暫。蓋兩強午而一弱子。勝敗立分也。若子力強。則其冲勢劇烈矣。蓋兩弱午而一強子。勢均力敵也。

支合

支合種類

(一)六合　子與丑　寅與亥　卯與戌　辰與酉　巳與申　午與未　皆爲六合。六合之理。蓋由日月合朔而來。十一月建子。合朔於丑。十二月建丑。合朔於子。故子丑六合。正月建寅。合朔於亥。十月建亥。合朔於寅。故寅亥六合。

(二)局合　亥卯未合成木局　寅午戌合成火局　巳酉丑合成金局　申子辰合成水局　皆爲局合。局合之理。蓋取生旺墓一氣始終也。(如亥卯未木局。亥爲木之生地。卯爲木之旺地。未爲木之墓地也。)

(三)方合　寅卯辰爲東方　巳午未爲南方　申酉戌爲西方　亥子丑爲北方　皆爲方合。方合之理。蓋取三支一氣聯貫也。

支合之影響

(一)六合　兩支相合。猶羈絆也。凶神逢合則減凶。吉神逢合則減吉。

(二)局合　亥卯未合成木局。命中喜木則吉。忌木則凶。寅午戌合火局。命中喜火則吉。忌火則凶。巳酉丑合成金局。命中喜金則吉。忌金則凶。申子辰合成水局。命中喜火則吉。忌火則凶。

(三)方合　寅卯辰合為東方。命中喜木則吉。忌木則凶。巳午未合為南方。命中喜火則吉。忌火則凶。申酉戌合為西方。命中喜金則吉。忌金則凶。亥子丑合為北方。命中喜水則吉。忌水則凶。

支合之區別

(一)局合應以旺支最為重要。亥卯未。卯為旺支。巳酉丑。酉為旺支。寅午戌。午為旺支。申子辰。子為旺支。若亥卯。卯未。巳酉。酉丑。寅午。午戌。申子。子辰。雖祇兩支相合。因有旺支。其力非輕。僅稍遜三支全合而已。若亥未。巳丑。寅戌。申辰。亦兩支相合。因無旺支。其力最弱。幾無合意也。

(二)方合以三支全者可合。若祇二支。不以合論。

(三)六合以緊貼則合。間隔一位或二位。即不能合。

(四)方合局合而三支全者。有一閑字間隔。仍作合論。祇二支而間隔。即不能合。

(五)六合而一支屬旬空。合力減輕。

(六)如戊日寅月。全成東方。俱以殺論。戊日卯月。全成東方。俱以官論。戊日辰月。全成東方。視寅卯之勢孰重。以分官殺。其餘倣此。

(七)如二卯一戌。或二寅一亥。皆六合之妬合也。然地支多藏干。較天干為複雜。且六合之成。非由於陰陽生尅。故其妬力遠不若天干妬合之重也。

(八)如寅卯辰東方。若柱中有二寅或二卯或二辰。如亥卯未木局。柱中有二亥或二卯或二未。皆不作妬合論。且適足以增加合力也。

(九)如寅卯辰東方見亥字是爲生方之神。見未字是爲方魁之財。皆非局混方也。

(十)如亥卯未木局見寅字是其同氣。見辰字是其財神。皆非方混局也。

支刑

地支相刑。以局加方取之。亥卯未木局加亥子丑之方。故亥刑亥。卯刑子。未刑丑。申子辰。水局加寅卯辰之方。故申刑寅。子刑卯。辰刑辰。寅午戌火局加巳午未之方。故寅刑巳。午刑午。戌刑未。巳酉丑。金局加申酉戌之方。故巳刑申。酉刑酉。丑刑戌。內除未刑丑。申刑寅。係相冲外。故以寅刑巳。巳刑申。及丑刑戌。戌刑未。爲三刑。子卯爲相刑。辰午酉亥爲自刑。然細究之。殊無圓滿之理義。但雖不知其所以然。於命理亦無害也。

支刑之區別

(一)寅刑巳。巳刑申。丑刑戌。戌刑未。爲三刑。

(二)子卯爲相刑。

(三)辰午酉亥爲自刑。

支刑之影響

(一)寅刑巳。乃木火相生。巳刑申。巳申本合。丑刑戌。戌刑未。皆屬同類之土。子卯相刑。又爲水木相生。辰刑辰。午刑午。酉刑酉。亥刑亥。本支自刑。更無戰意。故刑與冲異。兩支相刑。不過動搖而已。無勝敗之分也。禍福之力極輕。一經間隔。尤爲平淡。人命有遇刑而操威柄者。四柱本吉耳。有遇刑而獲凶禍者。四柱本凶耳。非必皆刑之故。考相刑之法。或三或二或一。例既偏駁雜亂。而又無確然之理。爲命學立說中最不足深信者也。或有地支丑戌未全。寅巳申全。而輒遭糾紛者。蓋支中藏神之生尅過於雜亂所致。非因相刑之故耳。

支害

支害之影響

地支相害由相合而來。冲我合神。故謂之害。子合丑而未冲之。故未害子。丑合子而午冲之。故午害丑。寅合亥而巳冲之。故巳害寅。卯合戌而辰冲之。故辰害卯。辰合酉而卯冲之。故卯害辰。巳合申而寅冲之。故寅害巳。午合未而丑冲之。故丑害午。未合午而子冲之。故子害未。申合巳而亥冲之。故亥害申。酉合辰而戌冲之。故戌害酉。戌合卯而酉冲之。故酉害戌。亥合寅而申冲之。故申害亥。總而計之。以六支害六支。冲其合我者。必合其冲我者。人命逢支害。影響分四種。

(一)如子午相冲。子勝午敗。有丑合子害午。若子為吉神。午為凶神。則丑合子。是減輕吉力。雖害午。不比冲午之甚。是減輕懲凶之力。乃不利於命局也。若子為凶神。午為吉神。則丑合子。是減輕凶力。雖害午。不比冲午之甚。是減輕損吉之力。乃利於命局也。故害者直等於冲合並見耳。

(二)衹兩支相害而無冲。於命局上無甚影響。

(三)兩支相害。其一逢合。以合論吉凶。

(四)兩支相害地位間隔。不以害論。

地支冲合刑害並見

命有地支冲合刑害錯綜並見者。若用神在於天干。無須多識。若用神在於地支。則必先以冲合刑害之力。輕重較量。然後取用為妥。特立法例六則如後。

(一)刑冲合害並見。以緊貼者為有力。如丑年子月寅日午時。子丑貼近。子午間隔。作合不作冲。

(二)方合之力大於局合。是以方合局合並見。以方合論。局合之力大於六冲。是以局合與六冲並見。以局合論。六冲之力大於六合。是以六合與六冲並見。以六冲論。六合之力。大於刑害。是以六合與刑害並見。以六合論。

(三)局合而三支全者。旺支逢冲而緊貼。以冲論。旺支逢冲而間隔。以局合論。局合而衹二支亦然。

(四)局合而三支全者。非旺支逢冲。雖緊貼。亦不以冲論。局合而祇二支。亦然。

(五)方合見冲。作合不作冲。

(六)注重本身力量。如丑年子月午日。在理。六冲之力。大於六合。應作子午冲。不作子丑合。然若局中丑土有力。既占優勢。則作合而不作冲矣。

刑冲尅合害例

刑冲尅合害。變化多端。再舉數例如後。

乙丑
庚辰
乙亥
戊寅

(天干)月庚合年乙。又合日乙。其情不專。(地支)寅亥六合。

乙丑
乙酉
庚午
戊寅

(天干)月乙合日庚。(地支)酉丑金局。寅午火局。

庚申
乙酉
乙卯
丁丑

(天干)年庚合月乙。
(地支)卯酉冲。酉丑隔位而不合。

庚午
乙酉
庚辰
己卯

(天干)月乙合年庚。又合日庚。其情不專。
(地支)辰酉合。卯辰缺寅。故不作方合。卯酉間辰。故不能冲。

丙午
庚寅
乙卯

(天干)丙庚相尅而庚敗。作尅不作合。
(地支)寅午三合。成半火局。寅卯缺辰。不

甲午
庚午
乙丑

(天干)庚甲相尅而甲敗。作合不作尅。
(地支)二午自刑。月午日丑又相害。然皆

丁丑　作方合。
庚午　（天干）庚壬接近。庚甲間隔。以生論。不以尅論。
壬午
甲申　（地支）二午自刑。申子三合。成半水局。
甲子

乙未
庚辰　（天干）乙庚先合。庚甲不尅。
甲寅　（地支）丑未遠隔而不冲。寅辰缺卯而非方合。
乙丑

乙亥
癸未　（天干）己癸相尅。乙己遠隔而不尅。
己卯　（地支）卯酉冲而緊貼。故亥卯未木局。力量減輕。
癸酉

丙辰
庚子　（天干）丙庚相尅。

丁丑　於命局無影響。
丙午　（天干）丙庚先尅。庚甲不尅。
庚寅　（地支）寅木得令。寅午又三合。故申不能冲寅。
甲申
乙丑

乙亥
己卯　（天干）乙己相尅。丁辛相尅。
辛未　（地支）亥卯未三合。酉雖冲卯。乃不緊貼。不作冲論。
丁酉

甲子
丁丑　（天干）丁壬相合。
壬午　（地支）子丑貼近。子午間隔。作合不作冲。丑午雖害。無甚影響。
甲辰

丙辰
丙申　（天干）丙壬相尅。丙辛間隔不合。

壬申
己酉 （地支）申子辰三合水局申酉缺戌不作方合。

壬子
辛丑 （地支）申子辰三合水局子丑雖合因力不及三合故不成立。

丙子
辛丑 （天干）丙辛相合。

丙子
辛丑 （天干）丙辛相合。

乙未
壬午 （地支）六冲之力大於六合故作丑未冲論。不作子丑及午未合論。

甲午
辛未 （地支）六害之方小於六合故作子丑合。午未合不作丑午害。

（天月德）

天月德之構成

（一）天德 正月丁日。三月壬日。四月辛日。六月甲日。七月癸日。九月丙日。十月乙日。十二月庚日。二五八十月無天德。

（一）人命日干值天德或月德。命吉者增吉。命凶者減凶。

（二）人命日干值天月二德。（如壬月壬日）尤能增吉減凶。

（三）人命日干既值天德或月德。若他干再臨天月德為吉神則福力倍隆。為凶神則暴橫益化。例如

天月德之吉

戊辰
丙辰
壬午
壬寅

壬生辰月。天月二德並臨。火土林立。主弱不堪。幸有時干幫扶。而時上之壬。既為吉神。又值天月德。則此命之福力倍隆宜矣。

甲寅
丙寅
丁巳
庚子

丁生寅月為天德。木火太旺為患。雖丙火剋庚而屬凶神。幸丙在寅月為天月德並臨。亦可稍減其凶也。

(四)天月德本身遭尅。不以吉論。

驛馬

驛馬之構成

亥卯未年逢巳。
寅午戌年逢申。
申子辰年逢寅。
巳酉丑年逢亥。

驛馬之影響

(一)命中吉神爲馬。大則超遷之喜。小則順動之利。
(二)命中凶神爲馬。大則奔蹶之患。小則馳逐之勞。
(三)驛馬逢冲。譬之加鞭。吉則愈吉。凶則愈凶。
(四)驛馬逢合等於縶足。吉凶皆爲羈絆而遲發。
(五)日干坐馬。栗六多動。

貴人

貴人之構成

甲日見丑或見未。乙日見子或見申。丙日見酉或見亥。丁日見酉或見亥。戊日見丑或見未。己日見子或見申。庚日見丑或見未。辛日見寅或見午。壬日見卯或見巳。癸日見卯或見巳

貴人之吉

(一)助吉解凶。

(二)聰明。

(三)易得人之信仰及互助。

貴人所忌

(一)忌冲或合。

(二)忌落旬空。

文昌

文昌之構成

甲日見巳。乙日見午。

丙日見申。丁日見酉。

戊日見申。己日見酉。

庚日見亥。辛日見子。

壬日見寅。癸日見卯。

文昌之吉

(一)逢凶化吉。

(二)智慧聰明過人。

(三)文采風流。

文昌所忌

(一)忌冲或合。

(二)忌落旬空。

旬空

旬空之構成

甲子。乙丑。丙寅。丁卯。戊辰。己巳。庚午。辛未。壬申。癸酉。此十天爲甲子旬。凡生此十日。地支見戌或見亥。戌亥皆屬旬空。

甲戌。乙亥。丙子。丁丑。戊寅。己卯。庚辰。辛巳。壬午。癸未。此十天爲甲戌旬。凡生此十日。地支見申或見酉。申酉皆屬旬空。

甲申。乙酉。丙戌。丁亥。戊子。己丑。庚寅。辛卯。壬辰。癸巳。此十天爲甲申旬。凡生此十日。地支見午或見未。午未皆屬旬空。

甲午。乙未。丙申。丁酉。戊戌。己亥。庚子。辛丑。壬寅。癸卯。此十天爲甲午旬。凡生此十日。地支見辰或見巳。辰巳皆屬旬空。

甲辰。乙巳。丙午。丁未。戊申。己酉。庚戌。辛亥。壬子。癸丑。此十天爲甲辰旬。凡生此十日。地支見寅或見卯。寅卯皆屬旬空。

甲寅。乙卯。丙辰。丁巳。戊午。己未。庚申。辛酉。壬戌。癸亥。此十天爲甲寅旬。凡生此十日。地支見子或見丑。子丑皆屬旬空。

旬空構成之理由

十天干配十二地支。凡經十日。必有二支遺空。如甲子日至癸酉日。戌亥二支。未在其內。故甲子旬中戌亥爲旬空。餘可類推。

旬空之影響

（一）旬空逢冲。則冲力減輕。

(二)旬空逢刑則刑力減輕。

(三)旬空逢合則合力減輕。

(四)旬空逢害則害力減輕。

(五)吉神爲旬空。其吉虛而不實。

(六)凶神爲旬空。其凶虛而不實。

(七)吉運或吉年爲旬空。則吉力減輕。

(八)凶運或凶年爲旬空。則凶力減輕。

女命淫賤

日主旺。官星微。無財星。日主足以敵官者。

日主旺。官星微。傷食重。無財星。日主足以欺官者。

日主旺。官星弱。日主之氣生助他神而去官者。

日主旺。官星弱。官星之氣依日主之勢者。

日主旺。無財星。官星輕。食傷重。官星無依倚者。

日主旺。官無根。日主不顧官星。合財星而去者。

日主弱。傷食重。印綬輕者。

日主弱。食傷重。無印綬。有財星者。

食傷當令。財官失勢者。

官無財滋。比刦生食傷者。

滿局傷官無財者。

滿局官星無印者。

滿局比刦無食傷者。

滿局印綬無財者。

疾病

衡命論疾病宜以五行配五臟。木爲肝。金爲肺。水爲腎。火爲心。土爲脾。命中木太過或不及。肝必有病。金太過或不及。肺必有病。水太過或不及。腎必有病。火太過或不及。心必有病。土太過或不及。脾必有病。故五行貴和。和則無疾。所謂五行和者。非生而不尅。全而不缺之謂。乃貴乎洩其旺神。瀉其有餘也。蓋有餘之旺神瀉。不足之弱神受益矣。若強制旺神。寡不敵衆。觸怒其性。旺神不能損。弱神反受傷矣。是以旺神太過者宜洩。不太過者方宜尅耳。

妻財

財卽是妻。可以通論。然有富而妻陋。或妻賢而貧者。何也。蓋或財得用。而日支爲忌神。或財不足。而日支爲喜神。妻星與妻宮。難以兩全其美耳。

性情

木主仁。火主禮。金主義。水主智。土主信。八字中五行不戾。中和純粹。則有惻隱謙讓誠實之情。若偏枯混濁。太過不及。則有是非乖逆驕傲之性矣。

火多無制。急躁而欠涵養。水多無制。聰穎而意志不堅。亦且好動。木多無制。情重而仁厚。金多無制。精幹而敏銳。土多無制。慈厚而好靜。

同一金之日干。其八字有旺相。太過。不及。三類。而金多。木多。火多。水多。土多。又各不同。其性情共計八類。分列如次。

(一)旺相　譽高義重　體健神清　威武剛烈　臨事果決

(二)太過　尙勇無謀　多慾損剛　刻薄內毒　喜淫好殺

(三)不及　思深決少　事多剉志　性雖好義　爲之不終
(四)金多　剛直尙勇　見義必爲　過不自知　思禮好勝
(五)木多　辨分曲直　利害兼資　置德懷忿　朋友失意
(六)火多　口才辨利　好禮寡義　動止寬和　中心鄙吝
(七)水多　計慮不勝　爲人無恩　臨事齷齪　或是或非
(八)土多　無中有成　口儉心慈　作爲暗昧　多處嫌疑

同一木之日干。其八字有旺相。太過不及。三類而金多。木多。火多。水多。土多。又各不同。其性情共計八類。分列如次。

(一)旺相　仁慈敏厚　心懷惻隱　姿致秀麗　形狀慷慨
(二)太過　性拗心偏　嫉妬不仁　計慮繁亂　襟懷瑣碎
(三)不及　執性太柔　治事無規　胸懷不正　吝嗇慳鄙
(四)金多　剋制憔悴　剛而無斷　動思靜悔　舉義不常
(五)木多　柔懦泛交　曲直自循　多學不實　聰明華潔
(六)火多　馳騁聰明　好學不切　明知故犯　善惡決發
(七)水多　漂流不定　言行相違　處事不寧　趨時委曲
(八)土多　取檢自信　奢而不奔　伏柔伏烈　言必鑑人

同一水之日干。其八字有旺相。太過不及。三類而金多。木多。火多。水多。土多。又各不同。其性情共計八類。分列如次。

(一)旺相　智高量遠　計深慮密　執性聰明　學識過人
(二)太過　是非好動　飄蕩多淫　機詐詭譎　慘酷無極
(三)不及　反覆不常　胆小無略　性昏無賴　智識蔽塞

(四)金多　好義不實　志大多淫　智勝義負　賦性靈強
(五)木多　流而不止　執志反柔　點事汗漫　奢儉失中
(六)火多　崇禮貪婪　深慮多憂　猛斷後悔　栗六少成
(七)水多　沉潛伏溺　小巧多權　苗而不秀　聲聞過情
(八)土多　沉潛窒塞　內利外鈍　忍而多恨　信義無決

同一火之日干。其八字。有旺相。太過。不及。三類而金多。木多火多水多。土多。又各不同。其性情共計八類。分列如次。

(一)旺相　性速辨明　文章明敏　好事華飾　實學欠乏
(二)太過　酷烈傷物　執性爆燥　朝歡夕泣　每多傾危
(三)不及　生性巧佞　謹畏守禮　小有辨才　大事無決
(四)金多　志不自好　勝辨而剛　禮義失中　直而招謗
(五)木多　自恃威福　聰明志懦　靜則志明　好辨是非
(六)火多　崇禮汨義　明外昏內　自華而儉　不可速達
(七)水多　爲德不均　巧而忘禮　多易多難　計深反害
(八)土多　立用沉密　利害敢爲　言清行濁　執而不變

同一土之日干。其八字。有旺相。太過。不及。三類而金多。木多火多水多。土多。又各不同。其性情共計八類。分列如次。

(一)旺相　篤信神佛　不爽信約　忠孝至誠　厚重可貴
(二)太過　執而不返　蔽塞不明　既愚且倔　古樸難用
(三)不及　不得衆情　不通事理　很毒乖戾　慳嗇妄爲
(四)金多　信而好義　剛而多躁　不能持重　處事無容

(五)木多　形勞志大　雜用狂從　用柔爽信　曲直黨情

(六)火多　施義忘親　外明少斷　奢儉失中　好禮口惠

(七)水多　貪功好進　汎順伏機　志善若昏　愛惡無義

(八)土多　重厚藏密　守信容物　或招毀謗　恩害敢爲

正印爲用神。仁慈端方。惟正印太多。庸碌少成。梟神爲用神。精明幹練。惟梟神太多。貪吝鄙嗇。正官爲用神。光明正直。惟正官太多。意志不堅。七殺爲用神。豪俠好勝。惟七殺太多。萎靡不振。傷官爲用神。英明銳利。惟傷官太多。驕傲剛愎。食神爲用神。温厚恭良。惟食神太多。迂腐固執。比肩爲用神。穩健和平。惟比肩太多。乖僻寡合。刦財爲用神。熱忱率直。惟刦財太多。鹵莽紊亂。偏財爲用神。敏捷奇巧。惟偏財太多。苟安耽樂。正財爲用神。克勤克儉。惟正財太多。懦弱無能。

曲直格。仁厚。稼穡格。慈善。從革格。銳利。潤下格。圓活。炎上格。豪爽。從財從殺從兒等格。循良。從旺從強等格。剛健。化氣格。智慧。

同一身強八字。有有抑者。有無抑者。其性情特點。卽分爲二。

(一)身強八字有抑者之性情特點

天性明白。　豁達大度。　順物而動。　遇事能斷。　常歡樂。　好施舉。　多情多義。　不畏不疑。

(二)身強八字無抑者(又不成外格)之性情特點

殘暴好鬥。　性氣無常。　不自檢束。　不顧危亡。　黨惡侮善。　持強凌弱。

同一身弱八字。有有扶者。有無扶者。其性情特點。卽分爲二。

(一)身弱八字有扶者之性情特點

生性儉約。　不忘設施。　深機密慮。　寡合少遇。　多疑忌。　拘禮節。　言行相顧。　儀貌整飭。

(二)身弱八字無扶者(又不成外格)之性情特點

淫邪虛僞。拘縮執拗。矜奇衒異。多非少是。萎靡怠惰。作事無斷。

按推斷性情其法多端。尤非學理與經驗合參難得精確。且有可以意會。難能言傳者。乃貴乎活看。而不可拘泥也。以上所述。不過舉其例耳。

事業

傷官傷盡。或有殺有刃。或殺印相生。宜武備。傷食生財。或身財兩停。宜貿遷。食神吐秀。或帶文昌。宜文學。正官清粹。或官印相生。宜政治。身重財輕。宜工程。刦比成羣。宜自由職業。空拳覓利。財官並美。官財政

財官有力。日主朗健。可以自立爲主。身旺無依。或身弱無助。祇合依人作嫁。八字少冲少合。事業得成專一。多冲多合。則頻年變遷。栗六無成。

五行需水。或命有驛馬。宜流動事業。外勤職務。五行需火或需金。宜近工廠機械等事。五行需木或需土。則宜農林種植固定實業。

五行偏枯之命。所事多風波起落。亦有此業利而彼業不利者。五行停勻之命。大抵事業平穩。比比皆然。

八字病重藥輕。作事多出自動。而費力不討好。八字病藥相濟。事多出於被動。且現成而省力

按事業之推斷。其法不一。以上所述。舉其例端而已。更有性情環境之種種關係。不可拘泥片面理由。乃貴乎活看。殆亦曉然胸中。而難以形容者也。

官殺並見

官殺並見之影響

（一）日主喜尅。官殺並見。吉力加增。

（二）日主忌尅。官殺並見。凶力更顯。

（三）應用正官。見殺混雜。八字不清。主多磨折。

(四)應用七殺。見官混雜。命局淆亂。亦主奔波。
(五)用官而殺混。幸有去殺之神。凶而不凶。
(六)用殺而官混。幸有去官之神。凶而不凶。
(七)用官而殺混。並無去殺之神。凶不可免。
(八)用殺而官混。並無去官之神。亦以凶論。

官殺並見之喜忌

(一)身弱有印。喜官殺並見。
(二)身強有財。喜官殺並見。
(三)身弱無印。忌官殺並見。
(四)身強有傷食而無財。忌官殺並見。
(五)八字忌官。幸有傷官之制。忌又見七殺。
(六)八字忌殺。幸有食神之制。忌又見正官。

官殺並見之去留

(一)官殺並見。嫌其混雜者。先謀去之之道。一者既去。一者自留矣。
(二)官殺並見。愛其互相協助者。不必議去議留。聽其自然可也。
(三)官殺並見。祇有食神。去殺而留官。
(四)官殺並見。祇有傷官。去官而留殺。
(五)官殺並見。食傷亦並見。官殺皆可去淨。
(六)如甲日並見辛官庚殺。又有丙火合辛。是謂合官留殺。合者絆也。絆亦可去也。

（七）如甲日而透庚金七殺。又支見酉金。是庚殺乘旺，不作官殺混雜。不必議其去留耳。

（八）甲乙日見申酉。以巳去申。或以寅去申以午去酉。或以卯去酉丙丁日見亥子。以辰戌去亥。或以巳去亥。以丑未去子。或以午去子戊己日見寅卯以申去寅以酉去卯庚辛日見巳午。以亥去巳以子去午壬癸日見辰戌丑未以寅去辰戌以卯去丑未。

（九）戊己日見寅卯。又遇午戌則寅會午戌成火而卯獨當權。庚辛日見巳午。又遇酉丑則巳會酉丑成金而午獨當權。甲乙日見申酉又遇子辰則申會子辰成水而酉獨當權丙丁日見亥子。又遇卯未則亥會卯未成木而子獨當權。壬癸日見丑辰或戌未又遇子申或寅午則辰會子申成水戌會寅午成火而丑未當權矣

（十）丙丁日見亥子若子隨辰合入庫則亥當權。庚辛日見巳午若午隨戌合入庫則巳當權戊己日見寅卯。若卯隨未合入庫則寅當權。甲乙日見申酉若酉隨丑合入庫則申當權

（十一）庚辛申酉並見足可以去一甲一乙一寅一卯。亦可去甲寅乙卯。若一庚一申一辛一酉。去甲乙寅卯。勢必不能。

（十二）官殺並見傷官食神亦並見傷官較爲有力則去官。食神較爲有力則去殺。

（十三）陰日傷官可以去官又可以合殺貼近正官則以去官論貼近七殺則以合殺論陽日食神可以去殺。而又可合官貼近七殺則以去殺論貼近正官則以合官論陰日食神祇可去殺不能合官陽日傷官祇可去官。不能合殺。

燥濕

大抵命局亢燥則喜潤澤。命局潮濕則喜暄燠。八字無水或少水。値於夏令或多木多火。乃亢燥之局。若命中喜土。逢燥土則益燥。未必佳妙。逢濕土則得滋吉上加吉矣。八字無火或火少時在冬令或多金多水。乃潮濕之局。如命中喜土逢濕土則更濕。未易言吉。逢燥土則去濕花添錦上矣。天干五行無分燥濕地支則昭然有別。今請一一言之。亦學

命所不可不知也。子、卯、酉、爲純金純水純木。亦無燥濕之分。丑中己辛。爲濕土濕金。因有癸水藏也。寅中甲戊。爲燥木燥土。因有丙火藏也。辰中戊乙。爲濕土濕木。因有癸水藏也。巳中戊庚。爲燥土燥金。因有丙火藏也。午中之己。爲燥土。因有丁火藏也。未中己乙。爲燥土燥木。因有丁火藏也。申中庚戊。爲濕金濕土。因有壬水藏也。戌中戊辛。爲燥土燥金。因藏有丁火也。亥中之甲。爲濕木。因藏有壬水也。

初學捷徑

用之官星不可傷。不用官星儘可傷。

用之財星不可刦。不用財星儘可刦。

用之印綬不可壞。不用印綬儘可壞。

用之食神不可奪。不用食神儘可奪。

用之七殺不可制。制殺太過反爲凶。

身殺兩停宜制殺。殺重身輕宜化殺。身強殺淺宜生殺。羊刃重重喜食傷。若逢官殺亦生殃。財多身弱宜刦刃。刦重財輕喜食神。官旺身衰宜印地。官衰印旺利財鄉。莫道梟神無用處。殺多食重最爲良。勿謂羊刃是凶物。財多殺黨亦爲貞。

五行生尅衰旺顛倒微妙

木本生火。木多火熾。有金尅木。則可生火矣。

火本生土。火多土焦。有水尅火。則可生土矣。

土本生金。土多金埋。有木尅土。則可生金矣。

金本生水。金多水弱。有火尅金。則可生水矣。

水本生木。水多木浮。有土尅水。則可生木矣。

木本生火。火多木焚。水尅火則生木。火生土則存木也。
火本生土。土重火熄。木尅土則生火。土生金則存火也。
土本生金。金多土洩。火尅金則生土。金生水則存土也。
金本生水。水泛金沈。土尅水則生金。水生木則存金也。
水本生木。木旺水涸。金尅木則生水。木生火則存水也。
木生火也。木火兩旺。宜水以養木。
火生土也。火土兩旺。宜木以生火。
土生金也。土金兩旺。宜火以助土。
金生水也。金水兩旺。宜土以生金。
木能生火。然火亦能生木也。水生木者。潤地之燥也。火生木者。解天之凍也。
火能生土。然土亦能生火也。木生火者。冬木之枯也。土生火者。夏土之燥也。
土能生金。然金亦能生土也。火生土者。去地之濕也。金生土者。防土之傾也。
金能生水。然水亦能生金也。土生金者。砥水之湓也。水生金者。制火之烈也。
水能生木。然木亦能生水也。金生水者。阻其洩漏也。木生水者。去其淤塞也。
木本尅土。土多木折。水生木則木能尅土。
火本尅金。金多火熄。木生火則火能尅金。
土本尅水。水多土蕩。火生土則土能尅水。
金本尅木。木多金缺。土生金則金能尅木。
水本尅火。火多水涸。金生水則水能尅火。

木尅土。木太多。宜金以衛土也。
火尅金。火太多。宜水以養金也。
土尅水。水太多。宜木以納水也。
金尅木。木太多。宜火以榮木也。
水尅火。火太多。宜土以扶火也。
木尅土也。木土兩旺。宜水以潤土。
土尅水也。水土兩旺。宜火以温水。
水尅火也。水火兩旺。宜金以熄火。
火尅金也。火金兩旺。宜木以缺金。
金尅木也。金木兩旺。宜土以折木。
木能尅土。然土亦能尅木也。木尅土者。春土之柔也。土尅木者。夏土之燥也。
土能尅水。然水亦能尅土也。土尅水者。夏水之涸也。水尅土者。冬水之凍也。
水能尅火。然火亦能尅水也。水尅火者。金水寒凝也。火尅水者。杯水車薪也。
火能尅金。然金亦能尅火也。火尅金者。春火之相也。金尅火者。冬火之囚也。
金能尅木。然木亦能尅金也。金尅木者。金堅木凍也。木尅金者。木盛金脆也。
旺者宜尅。然旺之極者。宜洩而不宜尅也。所謂實則瀉其子。是以春木森森。宜火旺以通輝。夏火炎炎。宜土多而斂威。秋金鋭鋭。宜水盛以流清。冬木洋洋。宜木衆而納勢。季土疊疊。宜重金以吐秀。
弱者宜生。然弱之極者。宜尅而不宜生也。所謂虛則補其母。是以秋木凋落。宜金而不宜水也。冬火熄滅。宜水而不宜木也。春金銷鎔。宜火而不宜土也。夏水枯涸。宜土而不宜金也。仲春之土無火生。反宜木也。仲秋之土無火生。

反宜金也。
陽之極者。陰至也。陰之極者。陽至也。寒極則熱生也。熱極則寒生也。

韋氏命學講義卷九

韋千里編著

評斷篇

評斷之程序

每一命局。或五行錯綜。或六神紛雜。評斷而無規定程序。極難入手。茲議爲八步如後。

（一）看強弱。
（二）定格局。
（三）取用神。
（四）論喜忌。
（五）查歲運。
（六）推六親。
（七）評性情。
（八）斷事業。

評斷之標準

（一）看強弱以日干爲主。以多寡。盛衰。失時得令。爲標準。
（二）定格局以月支爲標準。（外格不在此例）

(三)取用神以鋤強扶弱爲標準。

(四)論喜忌以用神爲標準。

(五)査歲運以喜忌爲標準。

(六)推六親以四柱六神爲標準。

(七)評性情以五行用神等爲標準。

(八)斷事業以用神及喜忌爲標準。

評斷之舉例

(一)陸姓乾命

官	癸未	傷 印 劫	一歲	癸亥
梟	甲子	官	十一	壬戌
	丙戌	食 財 劫	廿一	辛酉
傷	己亥	殺 梟	三一	庚申
			四一	己未
			五一	戊午

強弱 丙死於冬。亥子癸三水。既得其令。又競來尅。未戌己土雖能制水。乃本身先洩丙火之氣。祇月上甲木生丙。綜計全局。抑者太多。扶者太少。故丙干以弱論。

格局 丙生子月。干透癸水。爲正官之格。

用神 丙既云弱。必須生扶。月上甲木。洩水之有餘。生火之不足。取用無疑。即謂官格用印是也。

喜忌 既用甲木。自喜木火助用助身。不畏土之洩火。水之尅火。蓋土有木制。水有木黨也。然亦非所喜耳。最忌金來生水助虐。尅木則傷用。

歲運 一歲初走癸亥運。一派水鄉。稚年多病。十一歲行壬戌運。水土各半。亦乏善可陳。二十一歲辛酉運。甲辰年隨某巨公至廣東充記室四載。腰纏黃白。正逢木火流年也。娶妻得子。亦在斯時。嗣即奔馳少功矣。三十一歲庚申運。用神受損。蓬飄萍泛。宇內寓形。南北東西。焦桐莫識。尤以三十六後。流年多金水。無家可歸。四十一歲之己未運。有甲子乙丑丙寅丁卯四載之吉。努力勿怠。再後都金水年。征求毋奢。五十一歲戊午運。以五二。五三。五四五五。小有作爲。午運之羊刃被冲。自難樂觀。故五十六後。可撫孤松而盤桓矣。

六親 偏印爲用。父母庇蔭尚豐。劫財無力。弱弟早夭。日支藏財。然非喜神。妻乃中道云亡。傷食亦非喜見。故前雖有子。已喪於申運。晚來己運。或有弄璋之望。但須琴弦再理也

性情 火日水多。所爲欠當。宗旨少決。

事業 官格用印。自以近貴求名之爲宜。尤利於東南半壁耳。

(二)潘姓坤命

食	壬子	傷	五歲	壬子
傷	癸丑	印 傷劫	十五	辛亥
	庚子	傷	廿五	庚戌
官	丁亥	食 才	三五	己酉
			四五	戊申
			五五	丁未

強弱 庚生季冬爲寒金。水旺洩氣係憂患。尤病丑土會亥子而化水。且寒金喜火。又苦丁火之被尅。是誠弱不堪言矣。

格局 庚生丑月。透癸爲傷官之格。

用神 水勢泛濫。若用丑中己土。非但不能制水。且激水之怒。不如亥中甲木以爲用。賴甲洩水之有餘。生火之不足。所謂財能救官是也。然身弱無助之弊。在所不免矣。

喜忌 最喜爲火。土木。最忌爲金。水。

歲運 五歲交足壬子水運。十病九危。十五歲走辛亥金水運。及笄應多遇折。及庚午年。怙恃之失。相繼頻乘。壬申歲身世之悲。屢見迭出。雖屢舞僛傞。而收入甚微。仍入陷阱罟鑊。誠哉時命之不遒也。二十五歲庚戌運。庚仍屬金。尚難脫離水火。戊中藏火土。三十三歲甲申流年。用神得助。當獲快壻。尚可仰望者矣。三十五後己酉運之己土不足制水。酉雖刼刃亦有生水之嫌。縱不至於顛沛流離。然而病疚劇甚。四十五歲戊申運。以戊字最佳。五十歲後。歲運皆金水。恐難免賦歸於心臟病。

六親 金寒水盛。則無子。官星無力易尅夫。土印化水。父母亦虛。刼比稀少。終鮮昆季。可無疑矣。

性情 金日水多。火土無力。水性楊花。理所然也。

(三)王姓坤命

財	己亥	梟	比	三歲	甲戌
印	癸酉	官		十三	乙亥
	甲辰	才	刼印	廿三	丙子
食	丙寅	比	食才	卅三	丁丑
				四三	戊寅
				五三	己卯

強弱 甲生酉月。而失其令。又多火土。則木之尅洩。本當以弱論。然長生於亥。胎於酉。得祿於寅。地支有氣。尚非至弱者也。

格局 甲生酉月。為正官之格。

用神 官印財食俱全。惟己年癸月。地位接近。財印相尅。為美中不足。故取酉內辛金正官以為用。蓋財生官。官生印。五行六神。因此不悖矣。

喜忌 命中五行不悖。固無所謂喜忌。惟坤以夫星為重。又取正官為格為用。則不宜逢多量之火也已。

歲運 三歲起運。初走甲戌乙亥。庇蔭豐裕。故童境不惡。二十歲戊午流年。偏財幫夫于歸極利。二十三歲丙子運。丙為食神。子為正印。迭獲弄璋之慶。家道日昌。三十三歲行丁火傷官運。幸有印以制之。然辛未年夫病閱七月。亦云險矣。三十八歲丑運為財門庭煥彩。夫子皆輝。四十三歲戊寅運之一財一比亦安身納福。再後己卯運仍豐堪享大年云爾。

六親 印有官生。父母雙慶。正官為格為用。夫既榮顯。鴻案相莊。時下一比。令弟亦云克家。時上食神吐秀。子更英奇特達矣。

性情 五行生化有情。秀外慧中。多材多藝。當之無愧也。

(四)詹姓乾命

殺	庚子	印		六歲	辛巳
殺	庚辰	才	印劫	十六	壬午
	甲子	印		廿六	癸未
才	戊辰	才	印劫	三六	甲申
				四六	乙酉
				五六	丙戌

強弱 甲生暮春土令。又見三土二金。財殺太旺。幸子辰成半水之局。辰土之財化印生身。故轉弱為強矣。

格局 甲生辰月。干透戊土。是為偏財之格。

用神 干頭盡是財殺。自取年支子印為用。賴以化殺生身也。

喜忌 最喜水木而忌土。火亦不利。因能生土也。金却不忌。因能生水也。

歲運 六歲行辛巳運。一金一火。乏善可陳。十六歲之壬運。大病三年。按壬水為偏印。莫非丁巳戊午己未。三載火土流年之故。二十歲午火運。得美缺於交通部。係純逢金水流年之故。諺云運好不如年好。洵然。廿六歲以來。癸未運。裘馬麗都。蓋一以運勝。一以年佳也。三十六歲甲運。雖是幫身。惜被庚剋。恐用武無地。四十一歲申運。三合全成水局。殺印相映。地位權譽登峯造極矣。官至簡任特任。唯所望於此時也。往後乙酉運無足可取。丙運更不宜戀棧。

六親 以印為用深獲父母庇蔭。不見傷食。亦且為忌神。僅午運得一子。日支坐印。中饋尚賢。刦比之稀。因鮮兄弟矣。

性情 木得水養。五行清而不雜。八字純陽磊落大方可斷言也。

事業 忌財喜印最宜行政機關堪握大權然亦廉吏耳。

(五)陳姓乾命

刦	壬子	比	九歲	丁未
財	丙午	才殺	十八	戊申
	癸亥	刦傷	廿八	己酉
官	戊午	才殺	卅八	庚戌
			四八	辛亥
			五八	壬子

強弱 癸水生於仲夏。又逢午時。三火一土。財官太旺。幸戴亥支。為帝旺之鄉。更妙年干壬水刦財。載子而亦為旺地。弱而有助得中和之妙也。

格局 癸生午月。為偏財之格。

用神 日元稍弱。宜取壬水刦財幫身為用。

喜忌 喜金水。忌火土。尤忌木之生火洩水。

歲運 八歲初走丁未火土運。幼境未豐。十八歲戊運。賴流年多金水。所如尚順。廿一歲壬申年。茅廬初出。即入某銀行為練習生。廿三歲轉入申運。刦財得長生。當可不脛而馳。廿八歲後己酉運。一以流年之勝。一以行運之善。青雲直上。前途正未有艾也。三十八歲庚金正印運。尤稱通達。四十三歲戌運。歲運皆木火土之鄉。縱不修文地下。亦必床第呻吟。越過此津。然後得辛亥壬子運。走西北致富何難。

六親 財旺多妻。日支亥字。大有裨益於命局。自然內助之賢。亥中甲木傷官非喜神。子較艱難。年柱壬子為精華。出身高貴。有刼無印。丁運父母雙亡。刼財爲用。宜其長兄二兄皆有名於時也。

性情　火有水濟。能剛能柔。見解必淸楚。處事多得當。

事業　命本可富。自宜置身金融界。若趨北地。尤稱佳妙。

韋氏命學講義卷十

韋千里編著

千里命譚（乙亥年述）

庚寅　八歲　己卯
戊寅　十八　庚辰
甲子　廿八　辛巳
丙寅　卅八　壬午
　　　四八　癸未
　　　五八　甲申

此爲粵省某主席造。固多過人之處。八字純陽也。天干三奇也。地支聚祿也。又拱雙貴也。而干頭食神生財。財資七殺。支下祿印扶身。標本兩停。尤爲貴象。卽以五行論。窮通寶鑑曰。正月甲木。癸藏丙透。名寒木向陽。主大富貴。亦恰到好處耳。齊魯戰爭時。有勇將名楊化昭者。其八字爲庚寅戊寅甲戌丙寅。較諸此造。僅子字易戌字。不過軍伍常流。曇花一現。蓋五行絕水。木不得養。庸有濟乎。以視此造之開府天南。蜚黃騰達。判若天壤矣。

庚寅　三歲　乙酉
甲申　十三　丙戌
甲申　二三　丁亥
甲戌　三三　戊子
　　　四三　己丑
　　　五三　庚寅

辛未之秋。袁子寒雲逝世。士林惋惜。鄭正秋君以其年庚詢余。余曾答諸新聞報新園林。言曰。初秋三甲。雖不得令。却得其勢。庚金七殺。旣旺且盛。堪謂身殺兩強。惟乏火之制殺。印之化殺。大爲缺點。是以豪放不羈。崛強寡合。雖燕許文章。機雲才藻。未獲顯貴。抑鬱以終。行運僅丙戌丁亥之二十年。較爲優良。名山事業。以此最宜。再後卽夢幻泡影矣。辛未流年。官之混殺。又甲木入墓。縱不至修文道山。亦有勃然他變。孟子曰。莫非命也。誠哉是言。先獲我心矣。

甲戌　八歲　戊辰

或有詢余者曰。八字亦有所謂精神飽滿者乎。余曰有。或又請益曰。奚以知其然。

丁卯	十八	己巳
甲申	念八	庚午
庚午	卅八	辛未
	四八	壬申
	五八	癸酉

余曰。此誠難言之矣。蓋衹可以意會。不可以言傳也。爰將上列一命剖之。此乃余友。人之子。甲生卯月。為至旺之鄉。時透庚金。得祿於申。斧鑿功深。樑棟成矣。月頭丁火。得祿於時。欣發木氣。璀璨成章。身既旺。殺又強。傷更健。兼以午申夾未財。點綴得宜。豈非如人之神清氣爽。精神飽滿者乎。月刃用殺。殺有傷制。舒配既美。行運亦無阻畏。蓋逢土為財。非身強所忌。逢火制殺益力。逢水則印以化殺。各盡其妙。誠無間言矣。是命雖格局平常。却遠勝奇格異局之上。茫茫人海中。能有幾許耶。

乙丑	十歲	庚辰
辛巳	二十	己卯
甲辰	卅十	戊寅
甲子	四十	丁丑
	五十	丙子
	六十	乙亥

近閱西報。盛載英皇喬治第五之傳略。余以其生庚譯為夏曆。演成命局。（排列如上）對照其事歷。頗有不爽者。夫甲木日元。子辰水局。巳丑金局。為官印相生。干透辛金正官。自是大貴之格。冠冕堂皇。統馭萬民。固所宜也。據傳十五歲至十八歲。環游世界。念五歲管帶海軍魚雷艦。此時正交辰己財運。自應超拔出塵。竿頭日進。廿六歲患傷寒症甚劇。廿七歲乃兄逝世。卯運劫刃之故。四十六歲交丑運。財貴之途。已應發越。益以四十七歲辛亥年。又屬正官之鄉。果於是歲登極。入承大統。足徵命之可信矣。現行甲運。身太重。官較輕。未許樂觀。余本不欲批外人之命。惟於髫齡時。嘗讀西史。深悉歐美風化。亦頗信運會之說。爰以中國命學。推證英皇之造。蓋冀研究世界文學者。進而教之焉。

壬午	五歲	丁未
丙午	十五	戊申
甲午	念五	己酉
庚午	卅五	庚戌
	四五	辛亥
	五五	壬子

或謂地支一炁。類多貴格。然亦不可盡信。如上列之造。為江西文學家梅君命也。地支純午。却屬一世清貧。蓋火熾木焚。壬水制不住。庚金任不住。勢大適為我敵。勢小難為我用。宜其相如壁立。季子囊空。送窮有文。點金乏術。惟八字純陽，勁節高標。孤芬自賞。固是書生本色。早年聞術家言。辛運合丙絆住旺神。應見飛黃騰達。詎料行入辛運，丁卯年忽得瘋癱之症。貧而且病。良以辛運本不為劣。歲逢丁字。又尅出辛金故也。近行亥運。較前豐裕。預

卜其壬運可更進一步。子運冲午。滴天髓所謂旺者冲衰衰者拔。衰者冲旺旺者發。爲禍之烈。不可收拾矣。又友人胡君八字。爲庚寅戊寅戊寅甲寅。地支純寅。但殺重制輕。殊爲缺憾。供職財政部。運至巳火。化殺功深。由主事而升次長。迨及壬運。黨殺之故。一落千丈。午運雖亦化殺。終以壬水蓋頭。屢起無成。近年來愈趨窮困。竊恐其甲申運更有屋漏又遭連夜雨之苦也。

辛亥	七歲	壬寅
辛丑	十七	癸卯
甲午	念七	甲辰
癸酉	卅三	乙巳
	四七	丙午
	五七	丁未
	六七	戊申

此南京杜靄籛先生次女公子。錫貞女士之命也。杜公歷任南匯江陰江浦等縣知事多年。近有某君爲女士作伐。與某公子撮合。杜公深悉敝友蔣君精於命理。請其推評而決焉。適因蔣君與千里探討命理。昨蒙將女士幷壻之庚造開示。謬陳芻蕘於次。本命財旺生官。而官星太旺。透印以解。乃得中和。午中傷官甚妙。是救病之藥也。運行木火相宜。金運大忌。合乾造而觀之。洵是天成佳偶。可見杜公擇壻之目力不差。蓋壻命爲戊申甲子戊戌戊午。戊土生於子月。四柱火土重重。身強財旺而殺透。富貴之命也。年坐文昌。學藝定許軼衆。時逢羊刃七殺遇之爲奇。子午相冲。妙有申戌調解。當卜性極忠實。意志傲強。行運忌走火土水木最利

乙未	八歲	辛巳
壬午	十八	庚辰
乙巳	廿八	己卯
乙酉	卅八	戊寅
	四八	丁丑
	五八	丙子

天干乙木三朋。妙得壬水涵養。不畏巳午未旺火之洩氣。既濟功成。無慮亢燥。無憂偏枯。桓桓武士。矯矯虎臣。豈多讓於古之起、翦、頗、牧哉。或謂戊運尅壬。何以迭奏膚功。不知命以火炎爲病。壬水僅可養木。不能制火。既見戊土之化。此則火患除矣。中間流年。又多水木。壬不受戊之傷害。立勤王之勳。建不朽之功。宜也。此後寅丁兩步。碌碌無成。丑運爲溼土。足以晦火。則豐功偉烈。當更有甚於今日者。勉之哉(某名將造)

庚子	四歲	丁亥
丙戌	十四	戊子
乙亥	念四	己丑
	卅四	庚寅
	四四	辛卯
	五四	壬辰

此係某軍需長之命。滴天髓闡微有云「弱者宜生。弱之極者。宜剋而不宜生也。所謂虛則補其母。是以秋木凋落。宜金而不宜水也」又曰「太衰宜剋。衰極宜洩」依此而論。本命乙木日干。生於立冬前十日。土王用事。身坐死地。時歸絕處。年逢病

乙酉　六四　癸巳

鄉。所依以生存者。賴有戊支身庫。及時干比肩。雖曰衰弱。尚未臻極地。宜剋而不宜洩也明矣。余以財旺生官立論。或有取丙火傷官。意謂庚金正官爲丙火所傷。不足尚已言非無理。但丙火絕於亥。死於酉。胎於子。僅有戊庫可賴。庚金有兩乙邀合相助。勢非孤立。按其身掌權務。繼任軍需。何莫非旺財生官之明徵耶。現行庚寅運。官坐絕地。宦海多風波。寅爲羊刃。與亥作合。以刃化印。宜其顯達名利兩振。卯運欠利。

己卯　一歲　乙亥
丙子　十一　甲戌
乙丑　念一　癸酉
丁亥　卅一　壬申
　　　四一　辛未
　　　五一　庚午

此鄉君命也。君爲海上紗業界聞人。得失動輒萬金。其經營商業。範圍廣大。駭人聽聞。夫天干丙丁與己。一派火土財鄉。地支亥子丑卯。豈是水木幫身。標本停勻。更妙各立門戶。固不愧商場健將。且乙丙丁亥子丑。干支聯珠。矯勇善戰。角逐果敢。習性生成。非偶然也。前運壬申十載。積資三百萬。尤得力於申運。蓋原局缺金。申金會齊五行。源遠流長。生生不息故也。至癸亥甲子兩年。傾家蕩產。反欠人百餘萬。水木太過。所以致此。庚運爲金。又屬大利。清償宿負。游刃有餘。再盈數十萬金。去歲甲戌爲刼財流年。復告室如懸磬。抑且高築債臺。今年乙亥。已無活動餘地。按乙亥之水木太重。本非所利。恐年內有咎無休。與味蕭然。明歲丙子起。純逢火土之年。直如冬盡春回。大地錦繡又是花木暢茂。一片蓬勃景象矣。

癸未　十歲　甲寅
乙卯　二十　癸丑
乙亥　三十　壬子
戊寅　四十　辛亥
　　　五十　庚戌
　　　六十　己酉

此命不識其姓氏。乃平翁告我者。據云。爲上海工部局小工頭目。已積資成富。生活殊優。余曰。乙誕仲春。支全亥卯未。爲曲直仁壽格。所喜四柱絕金。格局無破。時落戊寅。寅爲火土生地。木之祿旺。則流通秀氣。堅固格局。更加錦上添花。是宜由漸入豐。空拳致富者也。前行之運。都屬水鄉。頗見安順。現行庚金。不利於格。順中防逆。還幸流年無金。滯而不凶。戌運爲火庫。爲燥土。豪富無疑。己運有乙木之奪。蓋即美中不足。狗尾續貂矣。平翁賞余曰。命局既如是儁美。何以不作名公鉅卿乎。余曰。宦海一途。浮沈彌定。名公鉅卿。豈必好命。熙來攘往。寧及此君之優遊穩固。且駕乎數千工人之上。鶴立雞羣。亦不失無冕帝皇之樂也。西漢黃霸有云。無官在職。一身爽輕。若此命造。雖少印綬之掌綰，詎不愈於坐高堂騎大馬之顯達耶。

癸卯	六歲	庚申
辛酉	十六	己未
乙卯	念六	戊午
辛巳	卅六	丁巳
	四六	丙辰
	五六	乙卯

此為某軍人之命。癸酉暮春嘗訪余廬，自言溷跡軍伍，碌碌半生，邇來環境蕭然，擬投浦自盡者已經三次，終不識命運如何，究竟生機絕否。余曰：乙木死於秋，所患辛金根深，受剋太重，幸有癸水之洩金生木，危而有救，惟丙丁不透，干七殺不獲其制，日主則不克如滴天髓所謂懷丁抱丙，跨鳳乘猴，而仍嫌柔弱為美中不足也。君既才識壓衆，抱負不凡，若遽萌短見，無乃自棄乎。前運一派土金助殺壞印，故豐才嗇遇，莫展經猷。然本年即交午火運，制殺功深，定見轉機。如南方有故舊，前往求援，正可水魚膠漆，相得益彰。此人唯唯而去，闊別三載，忽於上月翩然復臨，神采煥發，大非昔比。據謂別後亡命羊城，由舅氏之介，投效某軍長麾下，嗣得軍長之賞識，提攜竿頭日進，茲且攖重權於南粵，比者道經春江，因感余當年所斷之盡驗，指其求援南方，獲益尤非淺鮮，特來面謁專伸謝悃。余爰再視其命，此後丁巳丙三運，更較昌盛，勉以鵬程無限，善自為國效勞云。

己巳	八歲	戊寅
丁丑	十八	己卯
乙丑	念八	庚辰
乙酉	卅八	辛巳
	四八	壬午
	五八	癸未

此迺坤命，為海上某聞人之女公子，庚午孟春既望，舉宴湯餅，大江南北各界名流均往道賀，極一時之盛，所收禮份傳有十五萬元之鉅，固足豪矣，然亦有命焉，非可偶致也。蓋寒木逢丁而暖，得己而培，得乙而盛，干上一無廢物，支全巳酉丑則偏官會局，夫星更昌，從德之美滿何待言哉。或病水淺印缺，殊不知丑月丑日為虛濕之地，正喜壬癸未透，庶不飄浮為患，故行運一路土金木火，福祿綿亘，光明昌熾，方與未艾，直至壬癸兩運，始見遜色耳。夫衰弱之木，不宜多水，祇喜木火，嘗見冬木孤寒之命，走水運而傾家蕩產，走木火運而倉滿庫盈者，不知凡幾，若泥於衰則喜幫，而以印為喜見者，失諸毫釐，差以千里矣。

乙巳	九歲	丁亥
戊子	十九	丙戌
	念九	乙酉

論偏枯之命局易，推中和之命局難，此為略識命理之人所共知者也。今以鎮江人孫君之命為例，乙誕子月，水旺木健，時下得寅木帝旺，年上見乙木比肩，則應以

乙巳　三九　甲申
戊寅　四九　癸未
　　　五九　壬午

身強論。然兩戊剋水。兩巳洩木。抑挫之力。尤屬於所幫所助者強之程度。僅堪任財。弱之地步。亦非至喜。祇可稱其不強不弱。故既難論其喜忌。更難推歲運之休咎。然有一法焉。行幫身運。貴逢財官之年。行財官運。則喜幫身之年。若歲運皆屬生扶或抑挫。卽趨於偏枯而非中和。八字所宜矣。是以孫君命造。丙運以甲乙流年。勝於丙丁戊運。則庚辛年不如壬癸。乙運愛洩化。酉運又喜幫扶。餘運可以類推。總之此種命局。不在少數。合歲運而互相平衡。方為確也。

丙戌　三歲　乙未
丙申　十三　甲午
乙巳　念三　癸巳
庚辰　卅三　壬辰
　　　四三　辛卯
　　　五三　庚寅

此酉女命。乙生申月。時座庚金。夫星得祿。惜乎兩丙一巳。剋庚太甚。且五行少水。無印幫身。亦屬偏枯之局。更以早年多東南運。故綠窗貧苦。落於寒微之門。初嫁木商。行屆巳運。忽失所天。淒涼特甚。三十五歲再醮某醫。醫本無籍籍名。得婦後生涯激增。門庭若市。十餘年來。盈財鉅萬。家境日隆。查此婦之行壬辰辛三運。水金幫夫。或亦與有功歟。婦聞術家言。卯寅運皆多不利。因就詢於余。余曰。卯運幫身。且蓋頭為辛。金不足為慮。庚運助官。晚境最優。寅運冲申。官根動搖。非自身殲滅。卽夫遭不祿。尤以六十一歲丙戌年。危如纍卵矣。

壬寅　七歲　戊申
丁未　十七　己酉
乙巳　念七　庚戌
戊寅　卅七　辛亥
　　　四七　壬子
　　　五七　癸丑

人之疾病。亦可由命中推測。然有驗有不驗。蓋命該究患何疾。祇能言其端緒。不能指其纖微。大抵以寒煖燥濕推之。百不失一焉。如文學家兼書法家倪古蓮先生。久耳余名。囑評其造。余曰。乙木生於夏令。精華發洩。外有餘而內實虛。脫地支無不藏火。壬水為丁所合。時上之戊。又為陽土。燥之極矣。煖之極矣。一無金水以濟之。肺病血疾。在所不免。純陽燥熱之體。尤敢定斷焉。戌運為火庫。更屬可危。然甲戌年又多一庫。誠如雪上加霜。既已倖越。或無生命之憂矣。三十七後。運轉西北。一路康莊。非惟功名利祿。與日俱進。體格亦矯健勝昔。勉哉倪君。讚不絕口。旋蒙其備加稱頌。並將感佩之意。刊諸社會晚報。

癸酉　二歲　庚申

上為某大使之命。乙木凋零。支全巳酉丑。四柱純金。識者咸以從殺格推之。不知

辛酉　十二　己未
乙丑　廿二　戊午
辛巳　卅二　丁己
　　　四二　丙辰
　　　五二　乙卯
　　　六二　甲寅

年頭癸水進氣。洩金生木。乙有根原。不能從殺。應作身弱用印。以化其殺。否則中年午丁巳丙四部火運。制殺最力。爲從格所大忌。烏得穩度谷關。且屢膺重任耶。卯運重冲。應有不利。此後甲寅運。刦財幫身。老當益壯。東山再起。足可掌握大權。若仍致力於慈善事業。更能廣種心田。癸運亦不爲惡。壽至丑運。方臻危境。若作從殺。忌逢幫身。則甲寅癸三運。又多齟齬矣。

秋浦夏直欽君囑余推評。夏君以仕宦而兼精子平。亦謂此老命局。按理以論。及過去事實推之。從殺格似較勉強。

乙丑　一歲　戊寅
己卯　十一　丁丑
乙亥　廿一　丙子
癸未　卅一　乙亥
　　　四一　甲戌
　　　五一　癸酉
　　　六一　壬申

此老出處。宦途。飽經榮祿。年三十後。家道中落。幸擅長書法。歷穿鐵硯。利賴筆耕。幼時延人批命。僉謂仁壽曲直之格。謬以有爲期許。爰緣友人介紹。造訪余廬。詢問究竟。余曰。乙生卯月。支全木局。年支丑中藏辛。曲直已破。祇堪作身旺財輕之命以爲斷。廿六歲前。運行中南火土。所以少年得志。迨夫三十一歲運轉東北。難免坎坷悽惻。然壬運至凶。無傷大祿。亦云幸矣。再後辛運苟延。未運化木。危如風燭。按段祺瑞命爲乙丑己卯乙亥壬午。其乙祿在卯。己祿在午。壬祿在亥。交互得祿。旺氣所繫。且木旺水健。午火洩秀。格局清奇。故在萬民之上。八字之相差一時。其霄壤逕庭。有如此者。吁可畏哉。

乙巳　七歲　庚辰
己卯　十七　辛巳
乙卯　二七　壬午
丙子　三七　癸未
　　　四七　甲申
　　　五七　乙酉

壬申九月。友人某。囑評此命。謂係廣東妓女。由粵追踪來滬。堅欲以身相許。惟我年逾半百。且已兒孫繞膝。恐納妓後。家庭反而多故。躊躇莫決。謹詢於君。乞剖其詳。余曰。乙木得祿於卯月。比肩林立。財星已毀。用時上丙火。賴之洩秀生財。命非下乘。豐姿卓犖。固異凡卉。官之無力。即夫星不顯。然居遷室。亦無所礙。惟刻行壬運。又逢壬年。用神損傷。十一月且爲壬子。一片汪洋。丙火殲滅。恐妨其壽。故納寵問題。可容緩議。茲惟虛與委蛇。是乃上策。友唯唯而去。後相值途次。問友以此事究竟。友嘆曰。誠如君言。是妓已於壬申嘉冬。服毒旅邸。而歸物化矣。微君果斷。又增我幾許煩惱。誠哉。命之不欺人也。

癸未　一歲　庚申
辛酉　二一　己未
乙酉　三一　戊午
丁亥　四一　丁巳
　　　五一　丙辰
　　　六一　乙卯
　　　七一　甲寅

殺重之命。貴乎制化。視此某主席命造。更可徵信矣。蓋秋木凋零。秋金既得其時。又得其祿。殺重身輕。身殺之力量懸殊。其輕重不可以道里計。幸有癸印生身。並化殺。又有丁火食神以制殺。制化之功。乃完備矣。宜其坐鎭某省。廿四年來。無或失足。可方於唐之李郭。宋之韓范。闓澤覃敷。洵爲民國軍人之冠冕也。再推考其一生經歷。犖犖大者。如辛亥年應響革命。壬子年任都督。丁巳年兼省長。午丁二運。春風和煦。水波不興。要非歲運屬水之化殺。或火之制殺。曷克臻此。巳運適以冲亥。瑕瑜互見。丙運以丙子年爲最盛。舉國瞻仰。庚運妬合酉金。似乎難展驥才。乙運五年。蔗境優游。聲望宏遠。未可限量也。

丁丑　十歲　壬寅
癸卯　二十　辛丑
乙巳　三十　庚子
丙子　四十　己亥
　　　五十　戊戌
　　　六十　丁酉
　　　七十　丙申

有以某大使之命詢余者。迺簡爲批曰。乙生卯月爲建祿。不見他木。但得時令之旺。未獲氣勢之盛。最貴水之灌溉。火之煊赫。妙在癸丙透干。巳子居支。生洩之功無忝。美備自宜。富貴雙全。屢膺鉅任。丙見巳祿。乙見卯祿。癸見子祿。日主用神喜神交互得祿。尤爲貴徵。前行子運。爵位迭晉。蓋印得祿也。巳運息影。財壞印也。亥運再起。印會局也。戊運韜晦。印被合也。戌運癸酉年。授駐俄大使。癸印之功也。今年乙亥。明年丙子。折衝樽俎。壇坫增光。有厚望焉。丁丑年以下。歲運均屬庸常。宜清流賦詩。無官一身輕矣。

己亥　八歲　丙寅
丁卯　十八　乙丑
乙未　二八　甲子
己卯　三八　癸亥
　　　四八　壬戌
　　　五八　辛酉
　　　六八　庚申

吳先生。海上名律師也。積學多才。歷任學府法院領袖。公餘之暇。好研命理。時曩以五行生尅相討論。視其命造。乙生卯月。亥卯未會局。五行絕金。乃曲直仁壽之格。尤貴干透丁火己土。英華發越。秀氣畢呈。其命酷似遜清之李鴻章。寶錦前程。可操左券。子運以流年不濟。外圍內缺。未來癸運。滋木助格。氣象萬千。尤以丙子丁丑兩火年。騰達蜚黃。改善法制。保障民權。全國人士。引領瞻仰。晉行亥運。繼長增高。壬運亦康頤安穩。蔗境春濃。戌運屬財。惟中藏辛金爲病。秋山紅樹。退老珂鄉。徵諸過去未來行運。多吉足與命局媲美。洵時代之傑出也。

戊子　六歲　辛酉
庚申　十六　壬戌
乙丑　二六　癸亥
壬午　三六　甲子
　　　四六　乙丑
　　　五六　丙寅

止為某閒人命造。有以乙庚化金論者。竊以時上見午火格局僅成其半。且遠不符其聲價。乙生申月。干透戊庚壬。財官印既同藏於申宮。又並露於干頭。斯乃貴徵。俠義豪爽。固是不凡。前運日新月盛。五十一之丑運。更進一步。造福社會。奚啻萬家生佛。亦厚於財。故能利入而又利己也。再後丙運雖剋庚金。幸有壬水制之。不足為慮。寅運以沖申為病。豈可許子不憚煩勞。趨吉避凶。建策終莫妙於退隱。今年歲運皆乙。妬合庚金。能者多勞。其奈無功何。

戊子　七歲　壬戌
辛酉　十七　癸亥
乙未　二七　甲子
己卯　三七　乙丑
　　　四七　丙寅
　　　五七　丁卯

河南省政府知命子先生。示余某總指揮之命造。余簡為批曰。乙生辛酉月。殺重身輕。財星之兩透。尤足為病。所貴者。卯未會木局幫身而制財。日主弱中有氣。行運最喜比刦。遇印則印被財壞。不能化殺。未必盡美。逢食則有財黨殺。制殺不專。反以洩氣為慮。徵諸已往。子運僅屬發軔。究不及乙運之顯赫。更信此等命局。獨喜乎比刦矣。丑運乃酉丑會成金局。故幾瀕於危。去年交來丙運。合殺最美。權爵更顯。當不止為一方領袖。以後寅運繼長增高。丁運雖善。以視丙寅。直如小巫耳。（一說丙子時。想係傳聞之誤）

壬子　三歲　癸卯
壬寅　十三　甲辰
乙亥　廿三　乙巳
丙子　卅三　丙午
　　　四三　丁未
　　　五三　戊申

錢翁以其少君敬鏞先生之吉庚詢余。先生為海上籃球建將。在運動界中頗負時譽。視其命造。新春乙木甫得旺氣。然見五水。不免飄浮。應賴寅中戊土制水為用神。時上丙火生土為相神。偏枯之局。一若無可貴著。然核其運途。早歲多比肩刦財之運。是以矯強果敢。體力加人一等。二十八歲後。一路火土。足補命中缺憾。正合乎五言獨步所云。有病方為貴。無傷不是奇。格中如去病。財祿喜相隨矣。顯達前程。豈可限量。雖非富貴命。行得富貴運。當亦富貴中人也。姑誌如上。以待後驗。

己丑　十歲　壬申

癸為己尅。壬坐於墓。官殺皆廢矣。財值旺鄉。又多傷食。若謂財多身弱。何貴之有。

癸酉　二十　辛未
丙辰　三十　庚午
壬辰　四十　己巳
　　　五十　戊辰
　　　六十　丁卯

幸無一點幫身。可作棄命從財論。所以鵾化鵬游。罔知所屆焉。己運以還。飛揚煥發。盛極一時。蓋己之生財也。巳之會金也。無不利於格局耳。將來戊運富貴從心。予求予取。辰運自刑。杌隉不安。即宜韜光匿彩矣。丁運若無阻隔。卯運必危。（某海軍領袖造。）

乙巳　九歲　丙戌
乙酉　十九　丁亥
丙辰　廿九　戊子
丙申　卅九　己丑
　　　四九　庚寅
　　　五九　辛卯
　　　六九　壬辰
　　　七九　癸巳

四柱天干。兩乙兩丙。木火相生。人必曰兩干不雜格。其實不然。女命所注重者財官。柱中有財有官。不冲不破。便為佳造。今丙火生於酉月。正財當令。與年支之巳半會金局。與日支之辰合而化金。會合俱為財。本命財乃極旺。可覘其極有才能。作事幹練。交際手段亦高。柱中東合西會。面面留情。幸有兩印透干。操守貞潔。幫夫助家。鄰里稱賢。行運戊子己丑念年。助夫興業。家有餘歡。庚運亦佳。寅運冲申。未見佳妙。辛卯運亦順境。入壬辰運。遇壬申年。最要防衛。（餘姚徐德聖先生夫人八字）

庚辰　六歲　戊子
丁亥　十六　己丑
丙辰　廿六　庚寅
丁酉　卅六　辛卯
　　　四六　壬辰
　　　五六　癸巳
　　　六六　甲午

上為寧波第五特區行政專員趙次勝先生之八字。丙火生於亥月。冬日可愛。所丁幫身。亥中殺印同宮。庚財通根於酉。滋殺有源。辰中食神制殺。舒配得宜。以故蚤歲軒昂。政聲聿著。入壬辰運。殺食兩顯。出任專員。辦理新嵊奉三縣剿匪事宜。旌旂所至。小醜披靡。甲運本有奪食之嫌。柱露庚金。仍奮發有為。午運羊刃。靜養太和為妙。

丙戌　六歲　丙申
乙未　十六　丁酉
丙戌　廿六　戊戌
辛卯　卅六　己亥
　　　四六　庚子
　　　五六　辛丑

此紹興陳君泳之命也。傷官用財。生於立秋前半月。正值土王用事。神峯所謂真傷官。運行戊戌己三部。喜神逢運。透清時值光復。絲綢價格銳跌。陳君在杭開設乾裕永綢莊。經營十五年。獲利三十萬。入亥運。憾於亥卯未會成木局。事業凋疲。乃賦歸來。擁資二十餘萬。足享林泉之福。將來交子運。尚可再起。蓋六月間火土燥烈已極。柱中不見滴水。故富而不貴。今逢子水滋潤。調候爲急。豈有不勃然與者乎。

庚申	三歲	庚辰
己卯	十三	辛巳
丙戌	廿三	壬午
庚寅	卅三	癸未
	四三	甲申
	五三	乙酉
	六三	丙戌
	七三	丁亥

此係福建劉杏村先生長子含懷兄八字。丙乃純陽之火。其勢猛烈。能煅庚金。遇強暴而施尅伐也。能生己土。成慈愛而不凌下也。坐於犬鄉。會虎合𤇾。火勢益厚。日主健甚。己土臨月干。以卑濕之土。能收元陽之氣。得以洩丙火之威。壬水藏年支。汪洋之水。能制暴烈之火。得以過陽火之焰。庚金兩露。財臨旺地。本命取格。依正理以推。身旺印強。自然以食傷爲用。洩其太過。茲卯戌相合。正印化劫。不若取傷官用財爲得當也。夫火土日元。人極渾厚。姿質靈敏。傷官透露。生出偏財。高傲之中。帶有幾分柔氣。將來讀書經商。兩均相宜。若立身於金融界。尤卜權重位高。發展地盤。西北最利。行運以巳火比肩祿堂，身強不喜生扶。刑耗在所不免。壬午運。壬爲七煞。午爲羊刃。馳譽社會。家道興隆。立德立言。有名有利。癸未運正印遇官。惜露傷官。美中不足。甲申運一帆風順。乙酉運乙爲正印。酉爲正財。於命於格。似無衝突。乃乙木絕於酉。丙火死於酉。印綬身主遭傷。刑耗有之。丙戌運尚可。丁運則殆矣。

乙卯	四歲	己卯
庚辰	十四	戊寅
丙子	廿四	丁丑
壬辰	卅四	丙子
	四四	乙亥
	五四	甲戌
	六四	癸酉

舊命書以人生辰戌丑未之月。謂之雜氣。以其藏支多。故謂之雜。唯命理約言一書。闢之最暢。今丙火生於辰月。時透七煞。普通命家當取時上一位貴格。其他六神。概置閉廢。愚見所及。取命格當以月中藏神透干會支爲重。本命身健。（多印生之）印旺。（月時之印透天干）財透。（乙助庚勢）殺強。（壬旺於子非混官也）當取食用煞印。立業宜近財政。定許得志。蓋食生財。財滋殺。殺生印。印生身。連環滋生。非騰達而何。行運最利食傷。身旺印綬亦宜。逢殺無傷。遇官非福。內助賢淑。財得食生也。令子克家。食神制煞也。（此係上海四明銀行儲蓄部張君八字）

戊子	一歲	丁巳
丙辰	十一	戊午
丙子	念一	己未
	卅一	庚申
	四一	辛酉

名人八字。余閱歷多矣。然欲命局行運。一路清澄。著殊不數覯。有之。惟此實業聞人某君之命也。蓋丙生辰月。月干透戊土。爲食神格。其露雙戊。則食神更屬有力。不見陰土。則無傷官之混雜。月上丙火比肩幫身。乃不愁洩氣太重。支下三子會辰。本有

戊子　五一　壬戌

傷於丙。然辰土制水。適成堤岸之功。而盡保母之職。可謂天成匹配。但命理約言云。有食不見財來何異壓糞土飯。所幸二十一歲後二十年西方金運。財氣通源。自宜雲程萬里。富貴兩全。或謂壬運較遜。以壬丙一沖。不免平地風波。環生險象。然繼善篇有言壬來尅丙。須要戊字當頭。則局中原有兩戊。制壬有餘。烏足為慮。殊此造命有缺憾。運能補之。運有危害。命能解之。此所謂一路清澄。畢世庥餘。飛黃騰達。其來有自。非偶然也。

甲子　五歲　丁丑
丙子　十五　戊寅
丙子　念五　己卯
戊子　三五　庚辰
　　　四五　辛巳
　　　五五　壬午

庚午新正。吳君以此命垂詢。余曰地支子水一氣。天干甲丙戊寒煖相濟。用偏印以化官佳造也。惟本年庚午與四子相沖。午為丙刃。刃之為物暴戾而不易馴伏。若再逢沖為禍尤烈。恐如朝露之易晞。賣錦前程。或不可得。惜哉。吳君怫然不悅。蓋所詢者即其少君之命。且係單傳也。後聞此孩固於庚午七月染疫而死。病僅一日耳。

夫刃之逢沖。若無解救。微論身強身弱。禍變接踵而至。如影隨形。如響斯應。此亦研究命學者所不可不知也。

壬午　八歲　丁未
丙午　十八　戊申
丙戌　念八　己酉
庚寅　三八　庚戌
　　　四八　辛亥
　　　五八　壬子

某翁告我一悍匪之命。此匪徒衆逾千。犯案山積。然得逍遙法外。余視其丙日而支全寅午戌。巳秉一方之旺氣。兩見陽刃。干得財殺。宜其凶悍無比。雖不流芳百世。亦能遺臭萬年。然倘能公行直道。擇善而從。未始非果敢傑出之才。為國効用。亦足膺干城之選。豈不懿哉。若仍為非作歹。橫行不法。恐天網恢張。難逃子運。蓋沖刃出鞘。斧鉞當頭。意中事耳。

己亥　三歲　甲戌
乙亥　二三　癸酉
丙戌　三三　壬申
壬辰　四三　辛未
　　　五三　庚午
　　　六三　己巳

此鎮江人金君之命。金君自言研究子平之學。已十有餘年。對於本人八字之用神。終難取定。因聞余名。特就詢焉。余曰丙生初冬。支見兩亥辰戌。又沖壬再透干。病於水多火弱。識者非用己土以制水。即用乙木以生火。殊不知己為卑溼之土。祇可納水。焉能鎮水。況又毗鄰乙木之虎視眈眈。更難以立足矣。乙木雖能生火。惟因水量太過。本身力量太輕。不無乘桴浮海之歎。此所以亦難為泰山之靠者。則亥中甲木。既得長生而進氣。可洩水生木。

中流砥柱。功自非淺。所謂用神捨此莫屬矣。早年祇甲運優裕。曇花一現。餘皆碌碌無奇。四十八歲之未運。五十八歲之午運。皆屬火土。不難破壁而飛。脫穎而出。至於水流太過。終患無定。則風塵僕僕。南楚北燕。天涯飄走。迄無暇逸境過。乃命局早已生成。無可挽救耳。

乙酉	八歲	癸未
甲申	十八	壬午
丙辰	廿八	辛巳
甲午	卅八	庚辰
	四八	己卯
	五八	戊寅

此為金融界巨擘某君命造。丙火退氣於初秋。本不能任申酉之旺財。所妙時落於午。根得帝旺。遠勝干頭衰木之生扶。於焉轉弱為強。足可任財矣。益以運多金水。固宜財源四達。利益萬通。事業有陶朱盛名也。按揚宇霆命為乙酉甲申丙辰戊戌。重土重金。且戊土司令。未免晦火太甚。僅賴甲乙印綬之制土幫身。巳運乃得祿所以聲勢最盛。轟烈可畏。庚運無險。而斃於辰運戊辰年。則以庚運盡屬木火流年。故仍炙手可熱。辰運為溼土。戊辰年土又如崩。晦火無光。不得善終。意中事耳。觀夫二命。僅差一時。楊氏之夢幻泡影。萬不及此翁之福祿綿長。毫釐不爽有如此者。談命固非易事。思念及此。不寒而慄矣。

己未	五歲	己巳
戊辰	十五	庚午
丁未	廿五	辛未
戊申	卅五	壬申
	四五	癸酉
	五五	甲戌

某名公以楊秀瓊之八字。囑余推評。夫丁火滿見戊己於干支。又在穀雨之後。黃土當權。應如命理約言所云『日主無根。滿局皆傷。則當從傷』。不作身弱論。亦即滴天髓所謂『從兒格』是也。宜其巾幗英才。矯強特立。十五歲行來庚運。財星得祿。秀氣流動。自應一鳴驚人。聲譽震全國。芳蹤所至。公卿倒屣。惟明年丙火尅庚。辛以高危滿損為戒。丁丑年或有關睢之兆。往後午運平淡。辛未十年福祿綿密。壬運多險。四十歲繼以申金癸水酉金咸吉。五十五歲晉甲運。制傷破格。危如纍卵矣。

辛酉	七歲	丁酉
戊戌	十七	丙申
丁未	廿七	乙未
	卅七	甲午
	四七	癸巳
	五七	壬辰

閻錫山封翁。富貴壽考。一身兼全。余嘗推評其命。丁誕戌月。干透戊土。為傷官格。戊生辛財。辛生壬官。壬生寅印。寅又生身。循環不息。生氣盎然。如是命局。固不論金木水火土之歲運。或太過。或不及。皆得生化補救。致險無由。所以鶴骨松身。克享遐

壬寅　六七　辛卯

齡。而福祿綿密。令子賢肖。尤爲可貴。誠今世之郭汾陽也。按余講學於中商學會時。某君以辛酉戊戌丁未辛丑一造見詢。余斷爲棄命從傷。以甲午兩運最危。據云。亦政海名流。早於甲運騎馬墮亡。噫。僅與閻封翁之命相差一時。而壽夭之異。竟有如是者。

戊戌	二歲	己未
戊午	十二	庚申
丁卯	廿二	辛酉
丙午	卅二	壬戌
	四二	癸亥
	五二	甲子
	六二	乙丑

上係上海大衆書局經理樊劍剛先生八字。丁火生於午月。正逢當令之時。日主甚爲強健。加以兩祿幫身。丙火輔主。卯木生干。雖曰至剛莫厭，究嫌其太過。幸有兩戊透干。得以洩火之秀。其作事機警幹練。才學高明。於此可覘。所惜四柱五行缺水。似此火炎土燥之際。能有甘泉滋潤。則坎離調燮。後程莫可限量。今賴運來補救。未爲晚也。本命以建祿用傷取格。洩其太過。亦得秀氣。雖不及春木秋金之貴。而火土傷官。適亦得時乘勢。經營就富。可斷言也。行運庚申辛酉財運。於格最利。但柱中比刼環伺左右。定有耗財之舉。壬戌癸亥廿年。火土傷官見官本忌。乃調候爲急。故反吉也。經營獲利鉅萬。毋煩贅述。

己酉	四歲	戊辰
己巳	十四	丁卯
丁丑	廿四	丙寅
甲辰	卅四	乙丑
	四四	甲子
	五四	癸亥
	六四	壬戌

此係福州省郵務局秘書鄭炳年先生之郎君。希文兄庚造。現在上海東湖法律學院肄業。品貌秀麗。學問淵博。核其命理。確相符合。非偶然也。丁火生於巳月。年酉長生。日丑墓庫。時干正印。日元健朗。或取食神生財。或以月刃當殺。言雖有理。皆非正論。當以月刼用財。或疑既用刼。又用財。豈非自相矛盾。世有令盜蹠之人。而掌銀庫者乎。詎知月刼用財。須帶傷食。蓋月令爲刼。而以財作用。二者相尅。必須食傷化之。始可轉刼生財。今柱中食神兩透。甲己作合。正印意向食神。生財綽有裕餘。本命不但轉刼生財。且可化刼爲財。曷云乎。四柱地支。巳酉丑相會。卽以刼財之火。化爲金局之財。而時支之辰。生年支之酉。亦有助於金局。兩位食神。俱有生財能力。安得不大富貴。亦壽考耶。夫食神健朗。一生衣祿無虧。年坐文昌。學藝定占軼衆。豐範清秀。姿質靈敏。印透時干。又見其宅心正大。無黨無僞他時爲國宣勞。自不浮沉隨俗。今日研究法律。正以栽植基礎。查其一生行運。除丑運火庫。稍有蹉跌外。餘皆迪吉美

不勝言。滴天髓所謂一濟到底有精神管取生平富貴眞堪爲斯造詠。

辛亥　一歲　己丑
庚寅　十一　戊子
丁未　念一　丁亥
辛亥　卅一　丙戌
　　　四一　乙酉
　　　五一　甲申
　　　六一　癸未

丁火日元生於立春後一日。嚴寒未解。火力未充。得木生之。自然氣饒勢足。復有年月日時四支俱有甲乙之木生火。已嫌過多。而寅宮丙火未中丁火。亦皆有輔主之功。財神高透天干。正官藏於兩亥。本命財官印三奇俱全。理應聲名騰達。平步青雲。何今屈蟄市廛。寄人籬下。持籌握算。鎭日勞勞。要知柱中寅亥作合。亥未相會。官星暗損。宦海無緣。習賈經商。方堪温飽。印遇財傷。堂上之蔭庇不久。正財明露。閫中之威力獨張。子息無多。有二位足滿慾望。日逢天德遇險事可以化夷。亥爲乙貴。遊異鄉到處歡迎。大運初交己丑戊子。俱未順利。骨肉刑傷。丁火幫身亥運。官貴連丙戌十年。有名有利。生子添丁。乙運欠佳。酉運尚順。壽阻未運底。（天津陳德培先生命造）

甲申　三歲　己巳
戊辰　十三　庚午
丁未　廿三　辛未
丙午　卅三　壬申
　　　四三　癸酉
　　　五三　甲戌

此係陳馥堂先生庚造。雖爲火土傷官。自設綢肆未及三年。因虧耗不支。停業家居。株守田園。蓋運行壬申時。傷官見官。一敗塗地。破財喪妻。備嘗困頓。細按之。壬干陰火生土之力甚薄。而戊土不產眞金。故無生財之道。壬運之不入黃泉。賴甲木之功。稍納水勢耳。

壬寅　八歲　辛亥
壬子　十八　庚戌
丁亥　念八　己酉
癸卯　卅八　戊申
　　　四八　丁未
　　　五八　丙午

此乃舞女陳珮珍之命。正式遣嫁。傳已五次。刻閒徵逐舞場。迄無所歸。仍度其摟抱生涯。夫一丁被衆水包圍。明暗夫星薈萃。重疊滿盤。爭妬之象。是宜蛾眉螓首。蛇物蠍心。招展一般狂蜂浪蝶。如螻蟻之附羶也。現行酉運。生水有源。汪洋泛濫。恐仍意馬心猿。得隴望蜀。生張熟魏。送往迎來而已。三十八歲換入戊運。堤岸功成。方有樂觀。或不致浮沈花鏡。得能從一而終。猶足爲門楣孀婦。否則四十三歲後申運助起水浪。是又不堪收拾矣。按官殺並見之女命。得良善結果者甚多。蓋其去留清楚。或制化得宜而已。若此命之五行少土。官殺不得其制。兩壬妬合一丁。癸水又來相爭。兼以亥中子中。互藏壬癸。紛亂無以復加。不致夫星之二三其德者。蓋幾希焉。

戊辰	四歲	庚申
己未	十四	辛酉
丁巳	念四	壬戌
丙午	卅四	癸亥
	四四	甲子
	五四	乙丑

人事滄桑。升沉無定。際茲世界不景氣。富者貧，貧者困。世途尤險。比來海上經濟凋枯。地產衰落。市況蕭瑟。令人惴懼。尤以盧少棠。鄔志豪。程霖生。三公慘遭失敗。更不勝今昔之概。余嘗得視渠等之命焉。盧命排列如上。炎上而戊己吐秀。精明果幹。自非庸凡儕輩。近走丙運。運屬助格。不應挫跌。殆以壬申癸酉年之剋火。甲戌年之損傷戊土。乙亥年之剋己冲巳。流年不利。有所致歟。六十九歲後。行入寅運。歲運並美。或得東山再起。鄔命為甲申丙寅甲申壬申。建祿冲破。用丙火食神以制殺。固是長抽善舞之輩。且以壬水梟神為病。刻在辛運。絆合丙火。歲逢乙亥。亥為壬祿。更如助桀為虐。遭際之一蹶不振。宜矣。或謂未運殊佳。然壬運又險。縱能復興。亦不過曇花一現而已。程命為丙戌癸巳乙亥癸未。初視之身財兩停。細究之。立夏以後。巳戌未丙中南火土進氣。水木無根。遠不敵火土。應以身弱論。行運都屬剋身。故雖飽享陰福。歷來劫耗可觀。及至戊運。益為不支。厥後戊己兩運。財重身輕。仍難樂觀。際茲年居大衍。詩云。明哲保身。程君正可如孔子之知命。而永自韜養矣。

辛丑	四歲	庚子
辛丑	十四	己亥
丁酉	念四	戊戌
丙午	卅四	丁酉
	四四	丙申
	五四	乙未

上為本埠張君之命。財重身輕。所妙時上一劫一比。雖嫌柔弱。還幸有根。幼時聞術者言。財多而強。且日支文昌貴人。定得賢美之妻。沾沾自喜。唯盼早賦燕詩。及至二十四歲。識同學某女士。由戀愛而成婚。女士品學兼優。初固伉儷甚篤。以為術者之言驗矣。詎於庚午年。女忽溺於博弈。寢食俱廢。每晚輒至一百八十一號（海上唯一大賭窟）作輪盤之賭。未滿一年。私蓄蕩然。無以自慰。乃由高樓越窗而墜。死於非命。厥狀殊慘。客歲。張君又思鸞膠繼續。惟慮復蹈覆轍。就決於余。余曰。以財多為病。財即妻星。烏足言內助賢美耶。惟戊戌土運。已成尾聲。丙丁幫身運。即將蒞臨。此番續絃。當不致再如元配之結局。但欲倡隨適意。亦不敢斷定。夫普通談命者。以為財乃妻星。日支乃妻宮。財旺者。或日坐財星者。妻必得力。殊不知財多為病之命。妻宮美於何有。論妻之優劣。固以財為標準。然尤須先觀財之得用與否。若命中以財為喜神。財雖薄弱。亦主得妻之力。正不必斤斤於多寡之間。以論其美惡也。

丙戌　九歲　辛丑
庚子　十九　壬寅
丁未　念九　癸卯
丙午　卅九　甲辰
　　　四九　乙巳
　　　五九　丙午

論命者。論休咎而已。斷生決死。有驗有不驗。蓋生寄死歸。有夢必醒。為盜蹠而生。不如為伯夷而死。生則未必為吉。死則未必為凶耳。上為吾友柯君之命。丁生子月。本屬殺旺。乃午未戌中三土。制殺太過。引以為病。前行卯甲兩運。盈財數十萬。談命者皆謂木之尅土。病神除去。不脛而走。洵非誣也。預料運入乙木。豐發當尤過之。距知竟於今庚乙運乙年。病而不起。然富貴雙全。兩子玉立。且皆有聲於時。結局不可謂不厚。否則以後巳午火土之鄉。難免遭刦。若終於偪促之際。反不如今日考終之為得矣。則我友今庚之死也。未始非幸事耳。嘗見有陳姓一命。為乙巳戊子丁未丙午。丁生子月。根本極輕。畏水之尅。然巳午未戌。重土如山。亦制殺太過。術者皆斷其戌運必死。却今仍健在。惟於丙運。煙酒嫖賭。消耗資產。不計其數。至戌運為父驅逐。流而為丐。是乃雖不死亡。貽醜自苦。有何生人趣耶。觀夫柯陳兩造。生死適成對峙之局。則命之理。微可以鑑矣。

丁未　七歲　丙午
丁未　二七　乙巳
丁丑　三七　甲辰
丁未　四七　癸卯
　　　五七　壬寅
　　　六十　辛丑

此造本人。亦諳子平之學。自謂必死於巳運。及至庚午年。殆因環境坎坷。竟作屈原投海以自盡。幸為水警撈救。終不獲死。余視其命運。天干丁火一氣。地支土星重疊。火土相生。正滴天髓所謂天全一氣。地德載。亦命理約言所稱兩神成象格局。非下乘。胡為作消極之舉。類匹夫之諒。作溝瀆之經乎。丑未一冲。土金冲動。丁火之精英。更足以發越。尤為貴徵。巳運為丁之帝旺。火炎太甚。自不為喜。庚午年因有庚金之故。所以死而復活。現行甲運。亦助火炎。偪促如故。辰運為濕土。清潤全局。應見起色。壬癸二運。水之尅火。渠自以為美。余謂火土重而水輕。水萬不可以制火。火反更激火之怒。招土之尅。何善之堪言。寅卯運木之生火。亦屬庸常。總核終身行運。少土金之途。則即所謂有命而無運。此乃自然之理。烏可強耶。

甲午　六歲　乙亥
甲戌　十六　丙子
　　　二六　丁丑

此梅蘭芳先生命也。全局木火太旺。喜日坐酉金。時得癸水。財殺清粹。兼帶貴人文昌。自宜藝術獨精。譽滿天下。革中國之劇材。作梨園之砥柱。伶界大王。當之無愧。

丁酉　三六　戊寅
癸卯　四六　己卯
　　　五六　庚辰

惜行運未能媲美命局。所以僅享盛名。而無權爵。然晚來庚運資殺。空前絕後。恐不以伶官終其身。變化飛騰。未可限量焉。今歲乙亥。印得長生。殺得旺地。現赴蘇俄演劇。必有一番轟烈。宜揚中國文化。灌輸東方藝術。所當厚望於君耳。

乙酉　九歲　乙酉
丙戌　十九　甲申
戊午　念九　癸未
壬戌　卅九　壬午
　　　四九　辛巳
　　　五九　庚辰

武人之命。貴乎氣旺。文官之命。則宜清秀。此余經驗所得也。觀夫此造。則益信矣。蓋九秋戊土。得令當權。干上丙火。支下午戌。生之者又衆。氣象萬千。固非凡品。然徒旺而無調劑。則與販夫走卒。曾有何異。故壬水之制火。乙木之疏土。酉金之吐秀。洵屬舒配適當。勇奪三軍。門充駟馬。良有以也。前行之運。水火相間。乘時崛起。突進橫飛。現行辛運。絆住丙火。毀譽參半。凶終隙末。此後巳庚等運。大體尚善。惟不若從前之盛矣。（某將軍造）

甲戌　六歲　己巳
戊辰　十六　庚午
戊申　念六　辛未
壬子　卅六　壬申
　　　四六　癸酉
　　　五六　甲戌
　　　六六　乙亥

或曰。吳將軍命造。爲甲戌。戊辰己酉丁卯。夫土重遠過於金水木。身太強。財官太弱。標本不均。身世似不類。心滋疑焉。去夏蓬萊李潔盦君從余學命。書函往還。於請益中。以甲戌戊辰戊申壬子一造見詢。據云係將軍眞命。視其戊土日元。比肩重疊。申子辰會水局。時干透壬。乃身財兩美。旺財生年頭甲木之殺。惟乏火印以化殺。及金星制殺之爲病。故清高氣骨。超類軼羣。華夏威震。追蹤關岳。可爲武人楷模。惜屢起屢仆。終隱平泉。夫戊午年庚申年辛酉年壬戌年。內戰均獲大勝。頗有武力統一。安內攘外之冀。此何故也。無非制殺。或爲化殺。因是益信殺重之命。最貴乎化與制矣。酉運以流年不濟。備嘗挫阨。甲運最危。幸在野養晦。可謂知命。刻下戌運冲辰。更難飛騰。英雄氣短。莫非命也。

丁亥　三歲　辛丑
壬寅　十三　庚子
戊申　念三　己亥
　　　卅三　戊戌
　　　四三　丁酉
　　　五三　丙申

上係紹興蔣清渠先生庚造。先生別署越州胖漢。精究子平。前承開示其造。囑予評斷。

戊屬土。爲萬物之母。此常論也。其實僅憑單獨之土質。雖一草一木。亦不能滋長

壬子　六三　乙未

發榮。必須水以潤之。火以暄之。始可生生不已。今月支之寅中藏丙火。月干之壬。明明屬水。水火兩全。萬物資生。門第清高。人才軼衆。於此可卜。惟細按之。年支逢亥水。時干透壬水。日時二支。又聯合水局。金計有五。僅恃年干丁火。及月支之寅所藏丙火。斷不能勝多數之水。雖曰水火兩全。究未坎離調變。必須運入火土。助日元用神之不逮耳。查己運尙佳。亥運不利。戊戌丁酉丙申卅年。名業崇隆。生子餘金。公私暢適。攸往咸宜。六十七歲癸巳年。多麻煩。愼防爲要。

辛亥	三歲	乙未
丙申	十三	甲午
戊午	念三	癸巳
己未	卅三	壬辰
	四三	辛卯
	五三	庚寅
	六三	己丑

戊午日元。戊爲陽土。喜潤而惡燥。今生於立秋之後。已金旺而土休。幸坐午宮旺地。又有羊刃幫身。日主高強。一生樂自無憂。格取申宮食神。兼取偏財爲相。名曰食神生財。所以洩身之秀。調劑火土之和。用食忌梟。丙火梟印蓋頭。則食受制矣。詎知丙辛作合。而印非其印。傷官透露。主人性剛。月坐文昌。無怪金石書畫。不學而能之。也。戊坐午日羊刃逢印綬。理應殘疾帶身。行運以巳火祿當不利。壬辰辛卯庚念五年。有財有名。大吉大昌。寅冲申多麻煩耳。（餘姚魯昌寧君八字）

甲寅	十一	戊辰
丁卯	二一	己巳
戊寅	三一	庚午
甲寅	四一	辛未
	五一	壬申
	六一	癸酉
	七一	甲戌

汪君以此命垂詢。謂係亡友孫君之造。何以生前走火運大利。金運大敗。申金運且作屈原汨羅以自盡。余曰殺重身輕。設無丁印。何以自存。殺之太過。逢傷食制之不足。反激其怒。何如印綬生化之爲美。此所以金運遠不及火運也。申運冲寅。一金爲三木所敗。命遭不祿。亦所當然。夫殺重之命。正如盜匪侵主。逢印如遇仲連排難足以斡旋兩方。各不傷和。若逢傷官食神而無力量。乃如忽至老弱殘警。欲逮捕之勢。必警匪相戰。終於警爲匪殺。反激匪怒。爲事主者。則如棟折榱崩。其危不言可喻矣。故凡命中忌神太過。祇宜洩化。不宜強制。制之有力則益。制之不足則損。此亦余經驗談也。

壬子　二歲　己酉

此吾邑錢翁之命也。出身豪富。重義輕財。晚年耗斁。卒彈鋏於猶子門下。殊爲慼

戊申　十二　庚戌
戊辰　念二　辛亥
辛酉　三二　壬子
　　　四二　癸丑
　　　五二　甲寅

鄙夷。茲者壽踰杖朝。悽涼孤苦。士論惜之。夫戊土生於孟秋。支全水局。時落辛酉。金水並旺。而秀氣流行。格局本非庸俗。奈日主太輕。身不任財。既有月上戊土比肩。從財則又不眞。益以運皆西北金水。宜其豐裕。春申雖有三千珠履之名。卒流金空季子之類。亦足悲矣。刻走丁運。正印助身。本應否極泰來。然行諸太晚。不免美人遲暮之慨。以後巳運更佳。或不致落寞以終。

癸未　二歲　辛酉
壬戌　十二　庚申
己丑　念二　己未
庚午　卅二　戊午
　　　四二　丁巳
　　　五二　丙辰

此某總指揮造。己見丑戌未。名稼穡格。是格有淸陳相國素庵論之最精。其言曰。「一須通月氣。一須時上生旺。一須柱中無剋破。但蠢然濁土。亦不足取。須帶傷食財印。有生動之機爲妙。」今夫己生戌月。月氣通矣。時下午祿。得生旺矣。干不透木。無剋破矣。有庚金傷官。及壬癸財星。秀氣發揚矣。格局純粹。所以爲名將也。爲偉人也。早年金運。中年土運。晚年火運。固宜竿頭日上。五十七歲交辰運。辰戌丑未全備。尤爲燦爛光明。六十二歲乙運破格。則子美西去。淵明東歸。此其時歟。

丙戌　九歲　戊戌
丁酉　十九　己亥
己卯　念九　庚子
丁卯　卅九　辛丑
　　　四九　壬寅
　　　五九　癸卯
　　　六九　甲辰

上係營口天和報關行經理張之馨先生庚造。己土生於酉月。正値秋金司令。食神當權。洩身之秀。美不可言。無如四柱天干。陽火陰火。層見疊出。食神受印綬之製肘。已無遁飾。所謂火炎土燥。金無所賴。且卯酉逢冲。酉戌相害。將極妙秀氣。完全剷除。本命弱點。卽由於此。卯宮偏官結黨攻身。原冀食神來制。不圖食神本身四面楚歌。自顧不遑。乃偏官不得不用印來引化。所謂制殺無如化殺高。以食神格而兼用殺印。行運自子字起。歷行辛丑壬寅癸三十年。步步順境。處處遂心。經商獲利。數可驚人。惟妻不剋則不睦。子艱難云。

庚辰　八歲　己丑
　　　十八　庚寅
戊子　念八　辛卯

上爲曾任浙江餘姚湯溪等縣縣長端木彰先生庚造。己土生於子月。偏財當令。柱中七煞重重。財來滋煞。故歷任軍界要職。（前浙省魯主席滌平。是其門生。）柱

己卯　卅八 壬辰
乙亥　四八 癸巳
　　　五八 甲午
　　　六八 乙未

中所缺者印綬。殺無印不威。故其人溫厚和平。藹然可親。內權獨擅。蓋殺居日支也。迨運入巳地。煞印相生。而寒冷之濕土。遇陽光普照。豈有不舒展之理。故於壬申年四月。委署餘姚縣長。至甲戌夏季。調繁湯溪。政聲卓著。近甫卸職。預料入甲午運。木能生火。而火生土。必較巳運尤勝。且甲與己合。官不混殺。交乙運合庚不利。

乙丑　六歲 己卯
庚辰　十六 戊寅
己未　念六 丁丑
庚午　卅六 丙子
　　　四六 乙亥
　　　五六 甲戌
　　　六六 癸酉

上為程柏堂先生庚造。程籍紹興。光緒丁酉年拔貢。截取京官。乙巳年出任蘇省華亭縣知縣多年。光復後。歷充釐差。並在江浙財政廳任祕書科長等職。工於八法。頗負盛名。家資鉅萬。伉儷和諧。查其庚造。蓋己土生於辰月。季土疊疊。午火居時。日元強旺無疑。或以日祿歸時。沒官星取格。或以月刼用煞定評。按之旺者宜洩。季土疊疊。宜重金以吐秀。本命幼歲選拔萃科。歷官京曹。壯年出膺花封。政聲卓著。非其傷官得氣而何。精文學。擅八法。猶餘事耳。查大運甲運稍差。聞彼時篤信佛學。靜心休養。得以化險為夷。戌運癸運重列仕版。一路順境。酉運食來混傷。難以言吉也。

戊申　八歲 戊午
丁巳　十八 己未
己巳　念八 庚申
辛未　卅八 辛酉
　　　四八 壬戌
　　　五八 癸亥
　　　六八 甲子

己土日元。其性卑濕。能生木亦能潤金。生於巳月。赤帝司權。土隨母旺。日主高強。依理而推。當取正印為格。一派火土。混濁不清。所幸傷官傷盡。用之為奇。性極高傲。作事聰明。祖業不豐。尚堪溫飽。將來自手發展。獲資綦鉅。妻堅配方免刑傷。子遲得乃有收成。大運初行戊午己未。火土幫身。不見佳妙。庚申辛酉念年。喜神透清。添丁增口。財帛進門。壬癸財運。柱中刼多。暗受其損。恐多麻煩。亥運冲巳不利。（餘姚王吉哉先生之命造）

庚戌　二歲 癸未
甲申　十二 壬午
己酉　念二 辛巳
　　　卅二 庚辰
　　　四三 己卯

石軍長戀有二姝。欲納其一。以充韲室。不識二人之命。孰為優善。就決於余。余曰。庚戌之造。秋土薄弱。受重金之洩。秀氣盡發。當有傾國傾城之姿。惟甲木官星死絕。乃非命婦之格。或恐不安於室。或恐早賦孤鵠。良可畏也。另一女命。乃癸丑癸亥丙

辛未　五二　戊寅

申己丑。雖傷官見官。幸初冬水旺。又有申金之官。洩土生水。官星有力矣。身主固弱。宜用亥中甲木偏印。以之合傷幫身。姿色雖不逮前命豔麗。然兩相評較。彼則艱寒卑薄。此乃愜心貴當。石軍長雖肆余說。但終迷戀美色。卒娶庚戌秀豔之命。未閱半載！女果席捲遠颺。石軍長悔而無及。追從余囑之言。再覓癸丑之造。冀聯舊歡。詎料若女已嬪某君。安作商人婦矣。

庚午　七歲　庚寅
己丑　十七　辛卯
己未　念七　壬辰
甲子　三十　癸巳
　　　四七　甲午
　　　五七　乙未
　　　六七　丙申

上係紹興益新玻璃廠主人劉炳輝先生之造。亦由蔣清渠君開示。囑余評斷。查己未日元。生於丑月。已值土旺用事。柱中土凡五見。所好者丑未逢冲。冲出丑中辛金食神。而年庚傷官。為辛金之助。一生安居樂業。財丁兩旺者。全賴於食傷之力也。本命八字取用。年祿既不足以言格。合化又見妬合難成。不如季土疊疊。喜重金以吐秀。月辛年庚。取用為妙。而時上之財有源。不特中饋得力。家境漸豐。子孫繩繩。全在丑未一冲庚辛之力也。行運壬辰癸巳念年。財源逢庫。喜神遇長生。營業之發達。獲利之豐盈。無可比擬。生齒日繁。更意中事耳。甲運稍差。乙未運更順境。入丙運宜防衛。

己亥　四歲　丙子
丁丑　十四　乙亥
己丑　念四　甲戌
己巳　三四　癸酉
　　　四四　壬申
　　　五四　辛未

此張君德輿之命。張君現任華安合羣保壽公司上海營業部主任。或以己日己巳時。目為金神格。然此格早為陳素庵先生所闢去。祇能作亥丑拱子水財貴。土靈水輕。身過於財。以為斷。觀夫所行之運。自以金水為最佳。蓋金可以洩身之旺。水可以助財之力。故未來酉壬申辛。一路金水。奮發有為。謀福利於人羣。創基業以潤屋。跂予望焉。據云。渠有同學陳其照君。同舟至美國留學。既同居同校。又同宿同膳。且八字亦類同。為己亥丁丑己丑乙丑。僅相差一時。張君品學兼優。其業穩固。差堪溫飽而已。陳君則為南粵富商陳輔成先生之哲嗣。炳謙先生之令姪。得父產數百萬。以豪富聞於時。余觀陳君之造。金神格亦不足道。拱子水財貴。而又有乙木偏官。以制比肩。堪稱標本兩美。故與張君命局雖屬相仿。而豪富殆尤過焉。

戊戌　九歲　辛酉
庚申　十九　壬戌
己酉　念九　癸亥
壬申　三九　甲子
　　　四九　乙丑
　　　五九　丙寅

上為一僧侶之命。孫福當為余言。是僧三歲父母雙亡。七歲為舅氏攜入某寺落髮皈依。按己酉日元。生於申月。支全西方。干透庚壬。金勢猛烈。洩氣太過。局中無火。祇可用刦。然戊土虛脫。用神無力。終以身弱傷重無印為病。固生成寒微之命也。喜忌篇云。日干旺甚無依。若不為僧即道。今乃知身弱無依。亦黃冠客。空桑子之一流耳。九歲以來。皆行金水運。清淨無為。孑然一身。然以後甲子乙丑水木之鄉。亦不過謝絕紅塵。砥礪清修。誦經禮佛。度其老衲生涯而已。甲運若不圓寂。可至寅運以終樂土。

戊辰　八歲　庚申
己未　十八　辛酉
己未　念八　壬戌
辛未　三八　癸亥
　　　四八　甲子
　　　五八　乙丑

福建林文波先生。在閩知余已久。比者以事來申。造訪余廬。囑評其本人之命外。又垂詢其猶子命造。余曰。八字土得其七。況值火土並旺之候。強盛旺蓋達極點。若非時上辛金秀氣焉得發越。然終有土重金埋。火多金熔之患。而病偏枯太甚。幸也行運一路金水木。終身不逢火土。則豐裕顯達。發揚蹈厲。正如苗吐含葩。不旋踵而芳芬麗藻。嬌強特立於社會中。固非凡庸一流。設無行運以濟之。直一殘廢飲恨之人耳。余閱命多矣。近世孩童之造輒以偏枯為病。而行運每能相濟。且都綿亘數十年之久。故恆以一帆風順。有為相期許。子思作中庸。有曰。國家將興必有禎祥。此亦禎祥之兆。誠如斯言。儻天不欲久困中國。非耶。

辛丑　七歲　丙申
乙未　十七　丁酉
己亥　二七　戊戌
壬申　三七　己亥
　　　四七　庚子
　　　五七　辛丑

此蘭英女史之命也。女史以善畫名於時。己生未月。身主不弱。地支丑未相冲。天干辛乙交戰。七殺為食神追制。不如亥中甲木正官寄生於母宮之為美。應以官為夫星。時透壬財。則財以生官。而官不畏傷食剋制。宜其英姿颯爽。藝術絕倫。抑且夫子兩美。誠得天獨厚者也。戊戌十年刦財運。始而夫病幾危。繼則自身遇盜。亦云險矣。此後己運平滯。亥運以下一路金水。蔗境餘甘。頤養安逸。神峯通攷載有一命。為辛丑乙未戊戌庚申。乃重土重金。而祇有一木。正官受損太過。運至酉金。金再剋木。卒至自縊而亡。按此兩命。一以有財而官不受害。所以福慧雙修。一以無財。而成偏枯之局。終自經於溝瀆。不綦慘乎。總之。女命首重夫子兩星。然求夫子兩宮之並美。更非財星不爲功也。

丁亥	九歲	壬子
癸丑	十九	辛亥
己亥	念九	庚戌
戊辰	卅九	己酉
	四九	戊申
	五九	丁未
	六九	丙午

此爲顧公之命。己生丑月。干透癸水。支見兩亥辰。又爲蓄水之庫。財旺極矣。全得力於時上戊土之鎮水幫身。用神應卽歸諸戊土刼財。良以無戊則安可任財。不任財則安得豪富。或取丑中辛金食神爲用。恐身主更弱矣。兩亥夾丑。拱子水貴人。宜其疊膺鉅任。折衝壇坫。爲國爭光。四支皆藏財。又有拱財。一生自多豔福。財重用刼。內助雖得力。仍不免鼓盆興歎。且剋妻獨在於戊運。是更命之可信矣。查前運多金水。花枝招展。境遇榮繁。然竊以戊運之用神得助。掌握重權。或有更進者。申運順流而下。總之此命逢金水火土之運。皆不爲惡。惟憎木之損傷用神。幸生平無木運。故三元不敗。堪稱得天獨厚者矣。

庚戌	十歲	庚辰
辛巳	二十	己卯
己亥	三十	戊寅
乙亥	四十	丁丑
	五十	丙子
	六十	乙亥

阮玲玉一死。轟動全國。吾友鄭君。特囑推究其命。余曰。己生巳月。因有兩亥。印綬冲散。時透乙木。因有庚辛。制殺太過。身主與七殺。一無可恃。故意志不堅。正途歧趨。莫之辨別。片念阨塞。死於非命。雖從兩夫。終無所歸。至於傷食並露。秀氣發越。固宜英敏豔麗。精藝絕倫。不爲銀壇領袖。當亦作歌裙舞扇之翹楚也。今年兩乙三亥。天干金木之戰。地支水火之冲。乃滿盤啓釁。禍起蕭牆。失足成恨。一代藝人。竟埋黃土。寧不悲哉。

乙酉	九歲	丙戌
丁亥	十九	乙酉
己丑	念九	甲申
甲子	卅九	癸未
	四九	壬午
	五九	辛巳
	六九	庚辰

前黑龍江代理主席郎官普先生。久耳余名。客春因公南下。道出海上。手某將軍命造。叩余休咎。爰爲簡批曰。己見亥子丑。病於水盛。助成寒溼。妙有丁火煦融。更喜鄰於乙木。丁獲資助。則驅寒有力。且水生木。而木生火。財也殺也印也。生生不息。八字貴重。良有以也。或謂此命天成格局。名化煞者。非篤論也。早年行運。碌碌無奇。行屆未運。中藏乙丁。並含用神喜神。再逢辛未之年。宜乎一鳴驚人。一飛冲天。功立華夏。威震萬方矣。行及壬運。則又以

水之助。涇燦爛光明。歸諸平淡。白圭之玷。莫非命也。午運丁火得祿。發揚蹈厲。全國仰之。上馬殺賊。跂予望之。辛運與乙丁互冲。功成歸隱。頤養天年。斯其時矣。

辛亥	十一	己亥
庚子	念一	戊戌
庚辰	卅一	丁酉
丙戌	四一	丙申
	五一	乙未
	六一	甲午
	七一	癸巳

上係鄭希傑先生庚造。求學北平大學。推評四柱。庚金生於仲冬之月。坐下辰土。月干庚金。年干辛金。皆足爲日元之助。身主健朗。可覘其德性堅定。作事精明。傷官坐月令。英華外發。聰明伶俐。年支遇文昌。學術高明。堪以預卜。身強宜洩。月支子水正所以洩身之秀。而亥子會成北方。子辰半會水局。雖曰方局不宜相混。要皆擁護傷官。意向一致。則以傷官取格。自無疑義。時值冬令。水旺金強。嫌其過寒。所幸時上丙火透天。不惟冬日之可愛。調候亦關緊要。故兼取七煞爲相。名曰傷官帶煞。行運丁酉丙申乙未甲午均佳。

辛巳	六歲	庚子
辛丑	十六	己亥
庚申	念六	戊戌
辛巳	三六	丁酉
	四六	丙申
	五六	乙未

此李先生之命造。干上庚辛西方一氣。支下巳爲金之長生。丑爲金之庫門。申爲金之祿地。乃屬一行得氣。時在季冬。金寒而失令。則較遜色。故用巳內丙火以煉其銳。以驅其寒。前行丙丁運。豐裕顯赫。申運壬申年。因某案而入獄。良以歲運皆申。丙火用神臨於病地。又受壬水之剋。一時蠖屈。所不免耳。書云。丙臨申位。逢陽水難獲延年。其不遭萎亡。已屬萬幸矣。未來之乙未運。丙子丁丑兩火年。東南並行。剝極必復。大器堪期於晚成也。

丁亥	九歲	壬子
癸丑	十九	辛亥
庚子	念九	庚戌
丁亥	三九	己酉
	四九	戊申
	五九	丁未

嘉善沈恆甫君。雅好命理。時相過從。嘗示我一丐者之命（排列如上）。夫寒金喜火。所嫌支全亥子丑。北方水旺。又月干癸剋丁火。五行無木。未得生化之情。一片寒涼之局。宜其蓬飄萍泛。淪落天涯。歌板臨風。飯籃迎月。鵠形菜色。仰面求人矣。且運皆金水。縱不爲東郭乞食。亦必爲溝壑餓莩。設此等命局運行東南木火。未始非季子買臣。由困入亨之一流。富貴貧賤。固繫乎命。然運之榮枯盛衰。關鍵尤爲重要。管子曰。壽之修短有數。命之顯晦有定。要皆運會豐塞維繫之。誠哉是言。我儕爲人評命。對於運途之推敲。不可或忽也。

壬午　八歲　庚戌
己酉　十八　辛亥
庚申　念八　壬子
丙子　卅八　癸丑
　　　四八　甲寅
　　　五八　乙卯

此潮州人鄭君命造也。曩時請人批命。咸謂酉月庚申日。喜火煅煉。應用丙殺。有勸其涉跡政界者。前歲囑余推評。余曰。庚金得祿旺於秋令。年干透壬。支會申子。水盛而居相位。丙火豈能敵相水而制旺金。五行缺木。丙更無力。殺弗能用。不如用壬水食神。以順金勢。並洩秀氣。士而爲商。庶乎近之。金水澄清。貨殖餘暇。致力名山事業。亦足以著述自豪。豈不快意。鄭君頷首應之曰。幼攻舉子業。但終功名不售。年三十後。改營商務。則得心應手。尤以甲運盈財最鉅。并謂素工詞曲。願將畢生著作。付梓問世。洵哉。評命擇業。關鍵全繫乎用神之斟酌。設鄭君羨慕虛榮而信用殺之一言。終身捲入宦海。恐一官半秩。且未得意。詎不惜乎。預卜寅乙兩運。食神見財。營商獲利。更有厚望焉。

己酉　十歲　辛未
庚午　二十　壬申
庚子　三十　癸酉
己卯　四十　甲戌
　　　五十　乙亥
　　　六十　丙子

張翁家有一女。傭年。踰風信。貌奇醜。面且麻。迄今未嫁。恐畢生難膺人選。故乞推究其命。余曰。庚生午月。干透己土。爲正印格。午內丁火司令。則正官乘權。官印並美。爲坤福之兆。命婦格局。固已成立。或以子午卯酉。四敗四冲。非之。然子水傷官。失其時令。與午相冲。滴天髓所謂冲衰則拔。冲旺則發。午火正官。非惟不畏其冲。且因冲而益見矯強。子則冲拔。是膺何傷。至於卯酉地位遠隔。更無冲意。奚足爲病。四敗之說。亦不可盡拘。惟現行申金運。爲祿堂。所以吉星未照。錐未脫穎。龍未點睛。一旦時運轉圜。行至癸水。既濟功成。即入昌明之路矣。甲運以後。尤見發揚。孟光之案與眉齊。相夫立極。彼梁鴻乘機而起。未始非得力於內助也。

壬子　九歲　辛亥
壬子　十九　庚戌
庚辰　念九　己酉
丁丑　卅九　戊申
　　　四九　丁未
　　　五九　丙午

此名妓花月影之命。庚生嘉冬。兩見壬子。辰丑又皆溼土。區區丁火。瑜不掩瑕。危險直如風燭。夫星與身主。兩有所缺。以致早墮平康。年方及笄。即出應徵。送往迎來。極盡歡笑。然二十四歲達入戌運。戌乃火庫。亦爲燥土。更以流年如丙子丁丑戊寅己卯。中南順行。當有貴客垂青。納爲擁抱。從此附驥。益顯獲掌家政。苟得忠心侍主。舉案勤勞。以後美運接軫。或堪身列命婦。福祿綿延。晚歲純行南方火運。蔗境更榮。詩云永言配命。自求多福。固非吳下。歌女媿也。細按命之水清如鏡。理宜丰姿卓犖。陽春白雪。婉囀歌喉。不失爲秦樓楚館中豔美之名焉。或謂女命水多性同鴿雀。吁。是則語涉猥褻。豈文人名教中所能道耶。

甲午	二歲	丙子
乙亥	十二	丁丑
庚辰	念二	戊寅
己卯	卅二	己卯
	四二	庚辰
	五二	辛巳

此某財長造十月庚金。水冷性寒。喜己土制水。午火取暖。而乙庚合。甲己合。財印不悖。各立門戶。月日時又出於一旬。名一旬三位。斯更可貴。果幹英明。總攬全國財政。非偶然也。運程宜助宜幫。刻走庚金病於姤合。自非正運。將來辰辛兩步。土金強身。官場愈加熱鬧。名路益見光榮。巳運爲亥所冲。則宜知機引退矣。

己酉	六歲	己巳
庚午	十六	戊辰
庚子	二六	丁卯
丙子	三六	丙寅
	四六	乙丑
	五六	甲子
	六六	癸亥

或有以猶太富商哈同生庚。譯爲陰曆。演成命局。浼余推測。雖未必可恃。然詧其八字。殺旺用印。固非凡庸之輩。但空拳致富。竟爲滬上地產大王。實行運有以致之。蓋自三十歲後。歷行數十年水木財鄉。所當豪門珠履。貫朽粟陳。爲地主領袖。稱海內鉅富。至於七殺少制。傷官無力。是以伯道無兒。子夏喪明。絕其後嗣。是亦畫龍雖好。點睛未成。牡丹吐豔。綠葉少助耳。

按富貴人未必皆富貴命。或行運輔之以成也。反之貧賤人亦然。洵哉孔孟所謂命也運也。運之視命。似屬更不可強矣。

丁卯	五歲	乙巳
丙午	十五	甲辰
庚午	二五	癸卯
己卯	三五	壬寅
	四五	辛丑
	五五	庚子
	六五	己亥

此某閩人命也。識者咸云官殺混雜。財官過強爲疑。竊以庚生午月。干透丁己爲純粹正官正印之格。殺之混官。是無傷害。木火雖盛。妙有己土之洩火生身。弱中有氣。全得力於時上正印。宜其溫良恭儉。建樹鎡基。昭然爲江左閩人。況太君賢德。鄉里咸稱。濟苦恤貧。樂而不倦。祖德既裕。母教又足。以踵鍾郝而紹陶歐。是更官相印生之故歟。惟火旺無水。似嫌亢炎。故名高利淡。積勞寡逸。早年多木火運。備嘗困阨。壬運以來。一路金水。百尺竿頭。蒸蒸日上。兼以所經營者。多金水商業。更宜如月之恆。如日之升矣。刻在己運。仍其舊貫。七十歲之亥運。蔗境餘甘。再後

戊運康強逢吉。老當益壯。豐厚境遇。不讓於前。當以社會事業。光輝國史也。戊運化火。明哲保身。享受考終而已。

戊子	九歲	甲子
癸亥	十九	乙丑
庚寅	二九	丙寅
戊寅	三九	丁卯
	四九	戊辰
	五九	己巳

上為洗冠生大實業家命造。洗先生赤手創辦冠生園。範圍由狹而廣。所製糖果餅乾。現已媲美外貨。挽回漏巵。不可勝計。其精神既屬可敬。其宗旨更屬可欽。因由薛君介紹。來詢休咎於余。余簡為批曰。庚金生於初冬水令。地支水木林立。財重身輕。得力於時上戊土之偏印。制水幫身。功莫大焉。自必毅力勝人。思想銳敏。已往之運。泰半屬火。生土而暖金。故如枯苗得雨。勃然興之。又如疾風勁草。再接再厲。四十九歲交進戊運。幫助用神。後來居上。更可翱翔雲天。卓立偉業。辰運亦有喜無憂。己運稍遜。夕陽雖好。紅不多時矣。

辛亥	九歲	庚寅
辛卯	十九	己丑
庚子	念九	戊子
庚辰	卅九	丁亥
	四九	丙戌
	五九	乙酉

上為千里自造。識者咸謂憾於無火。然春金固非當令。乏土之生。則且無根。縱天干庚辛林立。子平眞詮云。得三比肩。不如得一長生祿刃。可見徒多比刦。而日元無氣。非是眞強。矧又亥卯會成木局。子辰會成水局。水與木皆有挫於金乎。火能榮金。有火固可顯達。無火則一寒儒而已。然寒弱之金。逢微火當可得志。逢巨火則不勝其剋。或且因貴顯而惹禍殃。此孔子所謂過猶不及者是也。若云水木兩局。財星甚旺。亦滴天髓所謂何以其人富。財氣通門戶者歟。無如身不任財。難免富屋貧人之譏。正合我今日之筆耕終夕。硯田枯澀者也。然則富貴皆無大望。我將永自韜養矣。嘗以身弱之命。與身強之命相較。同走好運。同處美境。而其速率與份量。大相懸殊。身強者每遠過於身弱者。此余屢試不爽。故益信拙造之身弱。恐終其身。不過爾爾也。查行運方今行至丑字。尚屬順利。將來戊字或更進一步。子運恐阨於病。但蓋頭屬戊。當無生命之危。丁運少濟。亥運伏櫪。丙運以下。老更無為矣。

戊子	五歲	丙寅
乙丑	十五	丁卯
辛丑	念五	戊辰
	卅五	己巳
	四五	庚午
	五五	辛未

鄭正秋先生。經才緯抱。四海知名。其於戲劇及電影。不過寄情抒懷。效生公之說法。予世人以鍼砭而已。頃以噩耗傳來。大雅云亡。不勝人琴之慨。爰乘本書付梓之際。特批其命。藉誌哀悼。余與先生。由詩文之酬酢。交締忘年。先生最信余課。遇重要

壬辰　六五　壬申

機密。輒委占六壬。時蒙以有爲期許。拳注彌殷。每挹其芝光。聆其關語。恆令人一往情深。不能自已。查先生之命造。辛誕寒冬。疊逢重土盛水既患寒濕。又兼柔弱。所以質同蒲柳。未老先凋。早年丙寅丁卯等運。東南濟美。學冠羣英。迨交戊辰重土。書劍飄零。風塵潦倒。己運亦未償宿負。巳庚兩部。一火一金。方見飛騰。何期歲逢乙亥。月遇癸未。亥子丑會北方。癸水又助濕。丑未再冲動。哲人遽萎。社會上又失一急公好義學養俱深之俊彥。能不長歌一哭乎。

甲午　八歲　戊寅
丁丑　十八　己卯
辛酉　念八　庚辰
甲午　卅八　辛巳
　　　四八　壬午
　　　五八　癸未

周信芳君。藝名麒麟童。具雋才。爲劇界全能。稱梨園宗匠。余視其命造。財殺兩強。而以日坐比祿。月得印綬爲根。第日主較弱。不堪任財任殺。所以富貴非願。絃歌寄情。仗義疎財。安貧潔己。然支中土金重重。可以幫身。是謂明病暗藥。宜其一曲風傳萬人擊賞。殊非尋常優孟可與同日而語也。再核運程。庚辰。辛一派土金。盛名勿替。明年進巳字。三合金局。樓臺更上。四十八歲後。壬午十年。側重財殺。恐多糾紛。而宜倦飛知還矣。

辛卯　七歲　己丑
庚寅　十七　戊子
辛巳　念七　丁亥
戊子　卅七　丙戌
　　　四七　乙酉
　　　五七　甲申

此造前當軍官。行運走至亥字。流爲綁匪。戊辰冬令。奉判徒刑十三年。現尚繫獄。囹圄生涯。殊形艱困。余視其命。無甚破敗。殊覺百思不解。客窗無俚。重溫滴天髓。見有載天覆地人爲貴。順則吉令凶由悖二語。始恍然大悟。蓋此命年柱辛金尅卯木。月柱庚金尅寅木。時柱戊土尅子水。日柱巳火尅辛金。干支覆載悖逆。刺謬雖幫身衆多。而財食無能爲力。所賴巳火制金。身強用官。運至亥水。適冲巳火。固宜墮落人格。甘爲盜蹠。丙運戊辰年。土重如崩。縲絏羈身。前程斷送。夫又何疑耶。

壬寅　六歲　癸卯
壬寅　十六　甲辰
辛未　念六　乙巳
　　　卅六　丙午
　　　四六　丁未
　　　五六　戊申

離婚之風日盛。夫婦之道愈乖。壬申初春。有王姓婦者。囑評其夫君命造。據謂溺情聲色。流連博弈。外宿多日。輒不一歸。婦備受精神痛苦。擬與仳離。余曰辛金雙見壬寅。又值春木萌動。財多身弱。幸時上己土納水生金。又得丑未之根。救弱主而任

己丑　六六　己酉　財。夫雖陽氣已動。節候尚寒。土金均無暖氣。未中之丁。見蓋於丑內之癸。寅中之丙。懾服于干頭之壬。八字尚欠精神。自然之理也。乙運乙己之冲。己土用神受損。宜其如無鞍之馬。無楫之舟。隨波逐流。從人徵逐。而莫由自主。試問貴夫子是否念六歲起。迷沉淫樂耶。婦曰。然。余曰。是庸何傷。三十一歲歲尾。達足巳運。火來欣發。熾昌康泰。是應發揚蹈厲。丕振家聲。認定正途。悔悟前非。則賢伉儷和好如初。齊眉偕老。奚必一時不克忍耐乎。婦乃暢然意滿。興辭而退。後果應驗余斷。婦又詢余。伊夫之後運如何。余曰。三十六歲以下。丙午丁運三尤佳。後來居上。快哉快哉。

甲辰　三歲　丁丑
丙子　十三　戊寅
辛丑　念三　己卯
壬辰　卅三　庚辰
　　　四三　辛巳
　　　五三　壬午

近世談命者。凡見日干與他干相合。動輒以化氣格論。不知假化則庸俗無奇。眞化則談何容易。書云。化之眞者名公鉅卿。化之假者異性孤兒。可見化之貴乎眞也。上為宜陽縣政府張時甫先生命造。夫丙辛之合。時在嘉冬。可以化水。壬水元神透出。尤為純粹。丑辰皆濕土。不能尅水。衹可蓄水。當不為病，是乃化格之眞者。雖不必為名公鉅卿。要非池中物也。早年運都屬土鄉。一肩行李。兩袖清風。三十三後。庚運之生水。辰運辛運之化水。飛騰上進。詎可限量。巳運土金並藏。瑕瑜互見。壬運助格。尤見燦爛。午運被子水冲拔。夕陽在山。為時不久矣。張君遙聞余名。通函囑評其造。余以其化格清純。殊不多覯。前程當必大有可觀。故特誌之。以視將來。

戊辰　三歲　己未
戊午　十三　庚申
辛丑　二三　辛酉
戊戌　卅三　壬戌
　　　四三　癸亥
　　　五三　甲子

此造產生甫經匝月。即遭夭折。初視之。殺印相生。不似殤孩。然重重厚土埋藏。脆嫩之金。五行無木。未得疎揚之利。一重午火。缺木之生。多土之晦。更無能為力。滴天髓所謂氣濁神枯者是也。渠父於產後。即囑余推算。並欲選一湯餅之期。余謂之曰。命近則己未月。遠則己巳年。土勢猛烈。蘭摧玉折。堪為憂慮。後果於六月病亡。誠哉。命有定數。不可強也。客歲又見一命。與此造類同。惟為甲午時。土有木疏。宜其聰穎堅強。然未來庚運之冲甲。殊屬不利。姑視其後。竊恐亦非壽徵耳。

甲辰	二歲	戊寅
丁丑	十二	己卯
辛未	念二	庚辰
戊戌	卅二	辛巳
	四二	壬午
	五二	癸未

此爲杜白先生之命。杜先生供職郵局。客歲從余學命。一年來頗見猛進。近竅討論其本命之喜忌。余曰辛生冬尾春前。四支皆土。時座透戊。則更不免土重金埋。年頭甲木足可制土。何奈丁火眦鄰。洩木生土。病根深矣。自喜水之尅丁。木之疏土。而獨忌火土之助虐。逢金雖傷甲木。但能幫身。稍解母旺子虛之苦。不作劣論。一生以庚辛運足可溫飽。壬運合丁。如鴻毛遇風。飄然而舉。枯苗得雨。勃然而興。巳午運生土堪憂。幸蓋頭爲辛壬。天不困人。瑕瑜互見而已。三命通會載有一舉人命。爲甲寅丁丑辛未戊戌。與君造僅差一字。緣甲坐寅位。財較得力。制土功深。所以有刺謬之別矣。然亦以丁火爲病。故功名止於孝廉。不能再進官階也。

癸巳	七歲	癸丑
甲寅	十七	壬子
壬辰	念七	辛亥
庚子	卅七	庚戌
	四七	己酉
	五七	戊申

俗有所謂早子時夜子時之分別者。乃以晚間十二時前。爲本日之夜子時。十二時後。爲下日之早子時。此論曆法則或可。論命則萬萬不可。考曆書之稱夜子時。蓋表明節氣之交接在於子時之初（十二句鐘之前）也。故祇有夜子初幾刻幾分。從未言及夜子正幾刻幾分。子時既正。固無所謂夜矣。可見夜字者。僅包括子時之前段耳。後人訛以夜子時爲本日之子時。早子時爲下一日之子時。且又憑之論命。無怪有毫厘千里之差矣。今以黃君之命。舉爲例證。黃君生於光緒十九年正月初七日晚間十一時半。八字排列如上。壬日坐辰。時落庚子。年上見癸。生扶者衆。不以弱論。況在初春。壬水餘威未失。乃喜木之洩秀。火之欣發。逢土尅制。亦不爲畏。故四十二歲前。一派金水運。浮沉宦海。栗碌無善位。不過科員。祿不過百金。去歲交入戊運。流年亦爲戊。戊是燥土。有鎮水及溫煦之功。宜其擢升科長。明歲起卽逢丙丁戊己流年。雲程更上。當敢預卜。未來臆斷。固不可盡信。已過之事。却已應驗。乃有人堅謂是年正月初七。爲辛卯日。晚間十一時半。乃屬辛卯日之夜子時。八字應爲癸巳甲寅辛卯戊子。然命局財多身弱。何以前行庚辛幫身運。一籌莫展。更何以去年甲戌。身弱逢財。忽得良遇。往事皆無可符者。豈可據以爲信乎。倘更質以誠如君言。則是日上午零時二十分。與晚間十一時半所生者。皆爲辛卯日戊子時。距離有十一個鐘點之差。而八字

竟完全相同。寧有是理耶。不知彼將何以答我。（按此篇曾發表於時代日報命學講座。旋接蘇州紫蘭巷十三號朱傲骨先生來函。謂夜子時理應日用今日。時用明日。蓋基於星平大成所謂今日之夜。非明日之早也。並蒙將黃君八字。改為癸巳甲寅辛卯庚子。又加評論曰。庚為幫身。甲庚交戰。財已刼去。是以不作財多身弱論。庚運刼財。財逢刼奪粟碌固宜。去年歲運俱戌。戌為陽土。為正印。土生金。財逢印以還官。擢升科長。又何疑乎。窮通寶鑑云。春月之金。餘寒未盡。性柔得土生乃妙。謹此照錄如上。以待高明揣究）

庚申　二歲　己丑
戊子　十二　庚寅
壬子　念二　辛卯
辛亥　卅二　壬辰
　　　四二　癸巳
　　　五二　甲午
　　　六二　乙未

此王某之命也。自幼迄今。胼手胝足。傭役於余友秦贊臣家。未嘗娶妻。孑然一身。幸侍主忠誠。故為秦氏三代蒼頭健奴。余因好奇。曾視其命造。乃壬水生於仲冬。三逢祿旺。所謂崐崙之水。可順而不可逆。月上戊土。煢煢孑立。既不足以制水。反又激水之怒。庚辛兩金。洩土生水。尤足為病。是眞身旺無依。老健徒苦而已。四十七歲前一派金水運。不轉溝壑。而得温飽。已為徼天之幸。巳運以還。運轉東南木火。應見起色。據云三十年來。已積蓄二千餘金。且勤勞如故。其志可嘉。明年換入申運。申之助水。更形泛濫。保身以沒意中事也，

乙亥　十一　庚辰
己卯　念一　辛巳
壬午　卅一　壬午
癸卯　四一　癸未
　　　五一　甲申
　　　六一　乙酉

有具名雁峯飄流客者。寓書與余。告余本埠南市某家姓。有一青衣婢。同日產生三孩。初落地者為女嬰（其命排列如上）次乃男孩。八字為乙亥己卯壬午丙午。再次者亦屬乾麟。四柱為乙亥己卯壬午丁未。並囑余推評優劣。余特簡覆曰。女命傷官太重。官星無力。又乏傷綬以制官保身。一無可取。本年乙亥。傷官更厲。恐卽夭殤蓋夢幻泡影而已。次生男造。傷官得祿於卯月。正官得祿於午時。更喜時上丙財。洩木生火。週旋於傷官正官之間。應作從財格論。走火土運不為忌。僅子運冲午。稍形不利。再次之男命。乃交互得祿。且為純粹化木之格。八字無金。行運又無金。大貴之徵。將來積學深造。出冠多士。正如馬蹄春風。長途萬里之才也。三命較量。次出之命。較首出為優。後出之命。更較次出為優。儻所謂後來居上者。非耶。

甲辰	二歲	丁丑	
丙子	十二	戊寅	
壬寅	念二	己卯	
辛亥	卅二	庚辰	
	四二	辛巳	
	五二	壬午	
	六二	癸未	

上為摯友王君命造。十七歲來滬。就學金業。十九歲憤師友歲之苛束。自營標金。廿三廿四兩年。盈財五十餘萬。茲已息影家園。稱素封矣。視其八字。洵不偶然。蓋壬水生於仲冬。羊刃當權。年月木火失令。似屬凡庸。所妙日支為寅。時支為亥。乃木火之生地。且寅亥合。則木火之氣愈貫。子辰會。則食神反得生扶。滴天髓所謂何以其人富。財氣通門戶是也。已往寅運。包藏一甲一丙。發軔雲程。立志卓犖。固非常人所能望其項背。己運為正官。中逢廿三丙寅廿四丁卯。兩大火年。以濟其美。自宜點金有術。一躍致富。卯運以來。流年平滯。不過保持仍舊而已。此後庚辰辛等運。每況愈下。還防波折。萬不可再圖徼倖。巳運則敷演家聲。發揚蹈厲。有更上層樓之可能。謂余不信。請觀其後。

癸酉	八歲	己未
庚申	十八	戊午
壬子	二八	丁巳
辛亥	卅八	丙辰
	四八	乙卯
	五八	甲寅
	六八	癸丑

此命為兩行成象。蓋庚辛申酉西方金。壬癸亥子北方水。金水各居其半。兩行相停。無火土混淆。益以壬祿在亥。庚祿在申。癸祿在子。辛祿在酉。又稱交祿。洵貴格也。王元鼎囑余推評。余曰。當必仕宦中人。決非凡俗一流。其清純無疵。亦且權高位崇。廉潔有政聲。漢代循吏。更不是過也。余因詢之王君。此命為何許人。王君笑而應之曰。先生言之誠是。惟其姓名。恕守祕密。想必衮衮諸公。政界翹楚之一耳。據聞四十歲前。栗碌鮮祥。辰運後。方見風雲際會。蓋早年一派火土運。火之尅金。土之尅水。大悖於格。自屬坎坷。迨辰運之會成水局。乙卯甲三運。木之洩秀。宜其平地聲雷。登龍門而名高望重。展驥足以氣吐眉揚。寅運冲申。雖有亥合。終屬不利。幸勿戀棧。早退林泉為妙。

癸巳	一歲	乙卯
丙辰	十一	甲寅
壬申	念一	癸丑
癸卯	卅一	壬子
	四一	辛亥
	五一	庚戌

此為前中央研究院院長楊杏佛先生之命。考其辰月壬申日。並得生地庫地。夫又癸水雙透。身強有餘。應用丙火之財。而巳為丙祿。卯為丙母。財有淵源。胥賴乎此。一代文豪。且為文官。固其宜也。蓋命局和靜。病藥停勻。身分超拔。若合符節。四十一歲交辛運。辛來合丙。流年復逢癸酉。酉更冲卯。一片汪洋。用神盡拔。故不免為人狙擊。亦猶博浪沙終。良可惋惜。以前壬運癸亥年。亦滿盤是水。乃得康莊平坦。誠使人百思而不解。然進而思之。巳亥雖

冲。究輕於卯酉之冲。則益信用神之祿冲去猶可。用神之母。萬不可冲。是又增我一番經驗矣。

庚辰　八歲　庚辰
己卯　十八　辛巳
壬寅　念八　壬午
辛丑　卅八　癸未
　　　四八　甲申
　　　五八　乙酉

此蔣邦彥先生命也。蔣君幼年窮困。劬學無遺。黌舍蜚聲。早登鄉榜。壬運入仕版。歷膺浙江財政廳長。溫州關監督等使命。甲子年後。隨張宗昌服官。督垣執掌財權。擁資數百萬。迨宗昌失敗。同避日本。戊辰年甲子月。被宗昌遣人潛殺于寓邸。夫壬日春生。寅卯辰會起木局。木多水縮。爲患自取。庚金爲用。賴其生水制木也。以言格局。乃傷官用印耳。春金廢而無力。萬不可逢火。幸不見財星。印無傷害。天干己庚辛壬。地支丑寅卯辰。金水木聯珠一氣。精神飽滿。皆爲貴徵。顯赫一時。固所宜焉。壬運比肩幫身。故爲發軔之始。以後僅午運稍遜。癸未運不惡。甲運敵庚。戊辰年本爲七殺助印。乃犧於運君甲木之魁。甲子月甲又魁戊。自難免罹凶禍。按此年正月甲寅。已有死亡之可能。雖幸而越過。至甲子月終於戕身慘斃。可見命有前定。不可挽也。

丁亥　八歲　癸丑
壬子　念八　甲寅
壬午　念八　乙卯
庚子　卅八　丙辰
　　　四八　丁巳
　　　五八　戊午

客有述發橫財事者。流俗心理。娓娓動聽。余因憶及二命焉。一即上列女命。壬水得祿旺於亥子。亦且水歸冬旺。身主強健。丁午兩財。既衰弱無根。又受冲受合。乃不類富有之人。然行運多木火。東南之暖。足以濟命局西北之寒。故處境裕如。夫子並榮。尤以丙運丙寅年。木火根深。財旺達於極點。固於秋間獨得上海跑馬香檳頭獎。現又有一命。爲丁未癸卯癸亥乙卯。或媚其旺食生財。必富無疑。余獨謂癸水不任衆木。求富大難。抑或因財致禍。無非金水歲運。弱主得助。方可積玉堆金。其人極信余言。蓋渠於丑運丁卯年。曾中萬國儲蓄會頭獎。終以木火太旺。財多身弱。富非應得。旣遭回祿。又臥病二載。所得不償所失。直至二十三歲交庚運。始見順利。癸酉年又是金水幫身。是以十謀九成。且於冬季得中航空獎券之分條頭獎。今已小康。雖仍依人作嫁。然時作公債投機。動獲巨利。精神愉快。遠勝於一般大資本家云。

庚午　四歲　甲申

上係蕭山金伯平先生之三公子。德潤孩造。壬日坐午。號曰祿馬同鄉。言其有財。

癸未　十四　乙酉
壬午　念四　丙戌
辛丑　卅四　丁亥
　　　四四　戊子
　　　五四　己丑

有官也。生於立秋前十日。巳值己土用事。官臨旺地。印綬透天干。正財伏兩午。財官印三奇俱全。洵上乘之命也。未月壬水。力本薄弱。今有癸水幫身。兩印生身。弱而不弱矣。宜於政界立身。位高權重。收入亦豐。但劫財透干。剝削極重。乙亥丙子二年上學讀書最利。行運自酉字起。至亥字止。俱臻佳妙。戊運平平。子運羊刃逢冲。家口多疵煩。骨肉有刑傷。己丑十年亦佳。庚辛兩運。恐有不利。

乙酉　五歲　己卯
庚辰　十五　戊寅
壬寅　念五　丁丑
己酉　卅五　丙子
　　　四五　乙亥
　　　五五　甲戌

孫傳芳死矣。世之論其功過者。嘖有煩言。無須再贅。惟既放下屠刀。皈依三寶。仍不善終。莫非命也。亦為吾人所急欲研究者也。夫壬水歸庫於辰。金凡三見。乙木合去。金水佔優。以身強論。己土之官。助印有餘。拘身不足。應棄而用寅內丙財。賴其破印。並以為表張耳。盛於丙運。用神得助也。敗於子運之末。用火忌見水也。乙運以還。寂然無聞。亥運合寅奪丙。每況愈下。本年乙亥。再逢十月亥建。三亥交攻。用神潰敗。殺人者終被人殺。夫復何疑。

庚辰　十歲　丙戌
乙酉　二十　丁亥
癸卯　三十　戊子
庚申　四十　己丑
　　　五十　庚寅
　　　六十　辛卯

此造為從強格。蓋秋金當令。乙從庚化。辰從酉化。時落庚申。卯被申酉夾尅。滿盤是金。癸水得其生。命書所謂二人同心是也。所貴者五行絕火。而為純金。或略見財星。即是印重身輕之命。一線之差。判若天淵。論命之難。於此可鑑矣。刻走寅運。已無可取。殆以庚金蓋頭之故。仍得貴顯。將來辛運更盛。卯運必驥足難展也。（某財長造）

庚子　八歲　丙戌
乙酉　十八　丁亥
癸巳　念八　戊子
己未　卅八　己丑
　　　四八　庚寅
　　　五八　辛卯
　　　六八　壬辰

上係寧波和豐紗廠經理凌伯麟先生庚造。命書所載。癸日坐向巳宮。財官雙美。則人生於癸巳日元。無有不富。而且貴者。其實要四柱看。未可以一概論也。本命癸水生於白露之後。正值秋金司令。偏印用事。年上透出庚金正印。而乙木助之。年支比肩。又是祿堂。總觀癸水日干。有如許擁護之神。則弱而不弱矣。本命取格取用。有以歲祿用官。或取時上七殺。細按之。年祿固不足以言格。時殺亦難免偏激。以印綬化殺。最為確當。柱中金水兩旺。

可覘其性極喜動。但有己未兩土堤防。故動而就範。宅心正大。姿質靈敏。殺印透干。宜乎幼年經管紗廠振興實業。行運戊子稍差。己丑庚辛。大吉大利。莫嫌老圃秋容淡。霜葉紅於二月花。

庚子　五歲　乙酉
甲申　十五　丙戌
癸酉　念五　丁亥
癸丑　卅五　戊子
　　　四五　己丑
　　　五五　庚寅
　　　六五　辛卯

上列庚造。係福州南台王世昌先生。上年郵寄蔣清渠先生推評。今蒙開示。謬陳管見於後。癸水生於申月。金白水清。秀而無比。依滴天髓通源論而推。年上庚金。爲發源之地。流通至時上丑土而止。最可喜者。月干甲木。能運動水氣。能生火以調和金氣。四柱地支。子申半會水局。酉丑半會金局。滿盤金水。若無甲木透出天干。則金水混濁不清耳。正印用傷。別無可取。覘君之門第清高。材藝軼衆。可斷言也。坐下酉宮偏印。必偶能家之婦。三槐流香。行運己丑十年。上下皆殺。一帆風順。平步青雲。名利崇隆。攸往咸宜也。庚寅運。亦許順境。壬辰運有礙。

丁未　三歲　乙巳
丙午　十三　甲辰
癸巳　念三　癸卯
戊午　卅三　壬寅
　　　四三　辛丑
　　　五三　庚子

黃玉麟先生。以皮簧聞於時。藝名綠牡丹。亦擅書畫。瀟洒儒雅。誠爲梨園儁品。前以蘇君之介。囑評其命。余曰。戊癸相合。既見丙丁。又得巳午未。而當榴火舒紅。槐蔭結綠之候。乃純粹化火之格。宜其慧質天生。學無不精。豈平常優孟可望其項背哉。一生行運。應以卯寅辛三部。最爲醇美。惜少土運。否則土之洩秀。尤爲出色當行。辰丑爲濕土。中含癸水。有悖於格。瑕瑜互見而已。或詢余何方爲宜。余曰。既化火成土。自莫妙於南國。黃君頜首者再。據謂曩歲鬻藝雲南。賣座最盛。座價漲至八元有奇。勢將媲美梅博士之歐遊。噫。足可豪矣。然得地利之宜。亦與有功焉。

甲辰　九歲　乙亥
甲戌　十九　丙子
癸未　念九　丁丑
辛酉　卅九　戊寅
　　　四九　己卯
　　　五九　庚辰
　　　六九　辛巳

上係安徽某當經理謝君八字。癸水生於戌月。已近黃土當權。土尅水爲正官。年支辰土。又是正官。時上辛酉干支皆金。金生水爲印。則局中有官有印。理當飛黃騰達。宦海航行。而今屈居市廛。經理貨物爲事。寄人籬下。辛苦萬狀。厥故維何。要知官星宜露。露則清高。今辰戌之官。藏而不露。一也。辰戌冲。官與官自起衝突。二也。官既不透。而與官作仇之傷官。加蓋兩官之上。三也。有是三者。宦海無緣。乃致朝奉頭銜。加於身上矣。本命傷官透露。英華外發。作事精明。涉足近東南爲妙。住家離祖基相宜。行運以戊寅己卯大佳。

丙申	九歲	甲午
癸巳	十九	乙未
癸亥	念九	丙申
甲寅	卅九	丁酉
	四九	戊戌
	四九	己亥

此天津人李君之命。君恆角逐於跑馬場中。嘗得香檳頭獎。平日博弈。亦勝多於負。其營業所得之薪酬。僅敷支出。跑馬所盈者。乃獲豐積。或羨其賭運亨通。以余視之。不過命局安頓。財星得用而已。蓋癸日甲寅時。傷官得祿。丙年巳月。偏財得祿。傷財相生而流通。美滿極矣。妙有亥水帝旺。癸水比肩。申金正印。協力扶身。乃致身主不弱。堪任其財。尤妙寅亥既相合。巳申又相合。亂中見靜。若不流連於跑馬。而致力實業。亦未始不可富擬陶朱。財比猗頓。前運皆屬木火。宜其不勞多獲。後運丁酉。財印之鄉。亦能日進斗金。利源四溢。李君勉乎哉。按寅申巳亥本爲四冲。因其地位處置適當。由冲而合。以余經驗所得。此等四柱。不在少數。然再逢寅申巳亥之一字。即爲冲散全局。不以美論。聞李君在申運內。財雖無所盈虧。然家庭多故。殊苦精神之創痛焉。

庚申	十歲	乙酉
甲申	二十	丙戌
癸卯	三十	丁亥
庚申	四十	戊子
	五十	己丑
	六十	庚寅

余曾於友人家得視此造。爲印重身輕。但僅不良於行。體格尚健。茲已魁梧奇偉。有成人氣象矣。夫癸水生於孟秋。重金五見。寶鑑所謂金多水濁。亦滿盤濁氣耳。甲卯兩木。既失時失勢。豈能週旋於刀鎗劍戟之中。命局偏枯如是。益以兩歲辛酉年。冲去卯木長生。陰金陽金會合。其遭殘疾宜矣。設非跛足。殃禍之變。或有更甚者。刻走西運。以戊寅年最凶。丙運以下。雲開見日。錦繡前程。未可限量。

庚辰	六歲	庚寅
己丑	十六	辛卯
癸丑	念六	壬辰
乙卯	卅六	癸巳
	五六	甲午
	六六	乙未

上爲毛希蒙先生庚造。毛先生久歷軍旅。勛猷聿著。上年代理定海縣公安局長。勤求民隱。政譽更隆。夫癸丑日元。生於立春前十五日。已值己土用事。土乃七殺。月支丑宮藏本氣己土。及辛金偏印。殺印同根月令。是爲有情。又殺印同透天干。是爲有力。殺印相生。有情而兼有力。貴格也。辰爲水庫。扶助日元。內有官食同宮。則官受制而不混殺。殺格愈清。乙卯食神得祿。制殺尤力。惜卯落旬空。略爲減色。覘其足智多謀。佐治民事。統率軍旅。皆足以

衛國定邦。非偶然也。行運最忌財鄉。巳運有破財之虞。現行午運。官聲可振。而阿堵物仍難有緣。乙未運大佳。丙運財來壞官。危如累卵。

乙未	三歲	癸未
甲申	十三	壬午
癸巳	念三	辛巳
丙辰	卅三	庚辰
	四三	己卯
	五三	戊寅

漳州中央銀行總理陸維屏君。精研命理。嘗示余二造。八字相同。惟年支日支易位而已。一即陸君本人之命。(排例如上)一乃其友廈門交通銀行某君之造。爲乙巳甲申癸未丙辰。余曰。癸水生申月。母強子健。辰爲水之餘氣。巳申又化水。身不爲弱。甲乙丙並透。則木火金水相停。惟君造坐巳。巳內有庚金。日主較強。貴友坐未。未爲燥土。並中藏木火。日主較弱。所以有異者。君喜逢木火。貴友喜遇金水。揆諸行運。都金水蓋頭。以論環境。或君不如貴友耳。陸君唯唯而退。

己酉	三歲	戊辰
己巳	十三	丁卯
癸酉	念三	丙寅
戊午	卅三	乙丑
	四三	甲子
	五三	癸亥
	六三	壬戌

上係餘姚縣民生工廠朱聯泉廠長之造。祖業甚豐。賦性篤厚。殊爲就地士紳所推戴。夫癸酉日元。生於立夏之後。値火土當權。財官用事。月令官星透天干。理取官星爲用。財印爲輔。不料兩位七殺。年月盤踞。大有官殺混雜之嫌。書曰。官殺混雜。制殺爲福。今四柱不見食傷。制殺無物。妙有印綬化殺。則官乃純。立身政界。名譽隆崇。運途以寅運及乙丑運。俱順境。甲運稍差。子運亦利。癸運分官欠吉。

戊戌	九歲	丁巳
戊午	十九	丙辰
癸亥	二九	乙卯
戊午	卅九	甲寅
	四九	癸丑
	五九	壬子

此乃某妓命造。幼孤爲娼。廿五歲後。侍某顯宦遴室。詎以不知自愛。戀一伶人。終被顯宦所黜。茲則伶亦絕裾斷交。螟二養女。仍操故業。夫癸生午月。財官並旺。惟天干三透戊土。爭妬癸水。日主用情。毫無定見。自是水性楊花。張三李四。坐下刼刃。足以幫身。苦無印綬。終如飛絮浮萍。飄流無定。查早年多火運。何善可陳。辰運冲開水庫。宛若雲開見日。惜乙卯運洩身生財。祇如曇花一現。不免重作馮婦。以後甲寅運木土爭戰。不堪言狀。寅運之會成火局，且恐不祿矣，

韋氏命課叢書

無師可以自通　決疑不必求人

增訂命學講義

此書爲韋先生教授遙從弟子而編著，淺顯詳明，最利初學，而搜羅之廣，取材之嚴，尤宜于研究有素者，備爲參考之用。

精選命理約言

陳素庵原著，清朝第一命書，茲經韋先生去蕪存菁，並加註解，改編重印，益覺生色，闡發命理，皆道人所未曾道，言人所不敢言，別開生面，另成一格。

增訂千里命稿

韋先生之批命，久爲世重，此書載有實驗八字數百則，自達官貴人，至販夫走卒，應有盡有，學理精微，足爲研究命學之借鏡，文句藻麗，風格妍雅，尤堪流連欣賞。

增訂六壬袐笈

韋先生占課決疑，應驗如神，素有六壬聖手之譽，爰以經驗所得，編成此書，闡述六壬原理及斷法，條分類析，詳盡無遺，雖初學亦可潛心研究，而得入門，無師自通，決疑有道，茲已再版，內容更較前豐富。

上海南京路大慶里韋氏命苑發行　國內各大書局均有代售

中華民國二十七年七版

增訂命學講義　全一冊

（平裝紙面定價國幣八角）

（外埠酌加郵費）

著述者　韋千里

出版者　韋千里

上海南京路大慶里韋氏命苑發行

（國內各大書局均有代售）

占筮類			
1	擲地金聲搜精秘訣	心一堂編	沈氏研易樓藏稀見易占秘鈔本
2	卜易拆字秘傳百日通	心一堂編	
3	易占陽宅六十四卦秘斷	心一堂編	火珠林占陽宅風水秘鈔本
星命類			
4	斗數宣微	【民國】王裁珊	民初最重要斗數著述之一；未删改本
5	斗數觀測錄	【民國】王裁珊	失傳民初斗數重要著作
6	《地星會源》《斗數綱要》合刊	心一堂編	失傳的第三種飛星斗數
7	《斗數秘鈔》《紫微斗數之捷徑》合刊	心一堂編	珍稀「紫微斗數」舊鈔秘本
8	斗數演例	心一堂編	
9	紫微斗數全書（清初刻原本）	題【宋】陳希夷	斗數全書本來面目；有別於錯誤極多的坊本
10－12	鐵板神數（清刻足本）——附秘鈔密碼表	題【宋】邵雍	無錯漏原版秘鈔密碼表　首次公開！
13－15	蠢子數纏度	題【宋】邵雍	蠢子數連密碼表　打破數百年秘傳　首次公開！
16－19	皇極數	題【宋】邵雍	清鈔孤本附起例及完整密碼表　研究神數必讀！
20－21	邵夫子先天神數	題【宋】邵雍	附手鈔密碼表　研究神數必讀！
22	八刻分經定數（密碼表）	題【宋】邵雍	皇極數另一版本；附手鈔密碼表
23	新命理探原	【民國】袁樹珊	子平命理必讀教科書！
24－25	袁氏命譜	【民國】袁樹珊	
26	韋氏命學講義	【民國】韋千里	民初二大命理家南袁北韋
27	千里命稿	【民國】韋千里	
28	精選命理約言	【民國】韋千里	北韋之命理經典
29	滴天髓闡微——附李雨田命理初學捷徑	【民國】袁樹珊、李雨田	命理經典未删改足本
30	段氏白話命學綱要	【民國】段方	民初命理經典最淺白易懂
31	命理用神精華	【民國】王心田	學命理者之寶鏡

32	命學探驪集	【民國】張巢雲	發前人所未發 稀見民初子平命理著作
33	澹園命談	【民國】高澹園	
34	算命一讀通——鴻福齊天	【民國】不空居士、覺先居士合纂	
35	子平玄理	【民國】施惕君	
36	星命風水秘傳百日通	心一堂編	
37	命理大四字金前定	題【晉】鬼谷子王詡	源自元代算命術
38	命理斷語義理源深	心一堂編	稀見清代批命斷語及活套
39－40	文武星案	【明】陸位	失傳四百年《張果星宗》姊妹篇 千多星盤命例 研究命學必備
相術類			
41	新相人學講義	【民國】楊叔和	失傳民初白話文相術書
42	手相學淺說	【民國】黃龍	民初中西結合手相學經典
43	大清相法	心一堂編	重現失傳經典相書
44	相法易知	心一堂編	
45	相法秘傳百日通	心一堂編	
堪輿類			
46	靈城精義箋	【清】沈竹礽	沈氏玄空遺珍 玄空風水必讀
47	地理辨正抉要	【清】沈竹礽	
48	《玄空古義四種通釋》《地理疑義答問》合刊	沈瓞民	
49	《沈氏玄空吹虀室雜存》《玄空捷訣》合刊	【民國】申聽禪	
50	漢鏡齋堪輿小識	【民國】查國珍、沈瓞民	
51	堪輿一覽	【清】孫竹田	失傳已久的無常派玄空經典
52	章仲山挨星秘訣（修定版）	【清】章仲山	章仲山無常派玄空珍秘 門內秘本首次公開 沈竹礽等大師尋覓一生未得之珍本！
53	臨穴指南	【清】章仲山	
54	章仲山宅案附無常派玄空秘要	心一堂編	
55	地理辨正補	【清】朱小鶴	玄空六派蘇州派代表作
56	陽宅覺元氏新書	【清】元祝垚	簡易・有效・神驗之玄空陽宅法
57	地學鐵骨秘　附　吳師青藏命理大易數	【民國】吳師青	釋玄空廣東派地學之秘
58－61	四秘全書十二種（清刻原本）	【清】尹一勺	玄空湘楚派經典本來面目 有別於錯誤極多的坊本

62	地理辨正補註　附 元空秘旨　天元五歌　玄空精髓　心法秘訣等數種合刊	【民國】胡仲言	貫通易理、巒頭、三元、三合、天星、中醫
63	地理辨正自解	【清】李思白	公開玄空家「分率尺、工部尺、量天尺」之秘
64	許氏地理辨正釋義	【民國】許錦灝	民國易學名家黃元炳力薦
65	地理辨正天玉經內傳要訣圖解	【清】程懷榮	秘訣一語道破，圖文并茂
66	謝氏地理書	【民國】謝復	玄空體用兼備、深入淺出
67	論山水元運易理斷驗、三元氣運說附紫白訣等五種合刊	【宋】吳景鸞等	失傳古本《玄空秘旨》《紫白訣》
68	星卦奧義圖訣	【清】施安仁	
69	三元地學秘傳	【清】何文源	
70	三元玄空挨星四十八局圖說	心一堂編	三元玄空門內秘笈　清鈔孤本 過去均為必須守秘不能公開秘密 與今天流行飛星法不同
71	三元挨星秘訣仙傳	心一堂編	
72	三元地理正傳	心一堂編	
73	三元天心正運	心一堂編	
74	元空紫白陽宅秘旨	心一堂編	
75	玄空挨星秘圖　附 堪輿指迷	心一堂編	
76	姚氏地理辨正圖說　附 地理九星并挨星真訣全圖 秘傳河圖精義等數種合刊	【清】姚文田等	蓮池心法　玄空六法 門內秘鈔本首次公開
77	元空法鑑批點本——附 法鑑口授訣要、秘傳玄空三鑑奧義匯鈔 合刊	【清】曾懷玉等	
78	元空法鑑心法	【清】曾懷玉等	
79	曾懷玉增批蔣徒傳天玉經補註【新修訂版原（彩）色本】	【清】項木林、曾懷玉	
80	地理學新義	【民國】俞仁宇撰	
81	地理辨正揭隱（足本）　附連城派秘鈔口訣	【民國】王邈達	揭開連城派風水之秘
82	趙連城傳地理秘訣附雪庵和尚字字金	【明】趙連城	
83	趙連城秘傳楊公地理真訣	【明】趙連城	
84	地理法門全書	仗溪子、芝罘子	巒頭風水，內容簡核、深入淺出
85	地理方外別傳	【清】熙齋上人	巒頭形勢、「望氣」「鑑神」
86	地理輯要	【清】余鵬	集地理經典之精要
87	地理秘珍	【清】錫九氏	巒頭、三合天星，圖文並茂
88	《羅經舉要》附《附三合天機秘訣》	【清】賈長吉	清鈔孤本羅經、三合訣法圖解
89-90	嚴陵張九儀增釋地理琢玉斧巒	【清】張九儀	清初三合風水名家張九儀經典清刻原本！

91	地學形勢摘要	心一堂編	形家秘鈔珍本
92	《平洋地理入門》《巒頭圖解》合刊	【清】盧崇台	平洋水法、形家秘本
93	《鑒水極玄經》《秘授水法》合刊	【唐】司馬頭陀、【清】鮑湘襟	千古之秘，不可妄傳匪人
94	平洋地理闡秘	心一堂編	雲間三元平洋形法秘鈔珍本
95	地經圖說	【清】余九皋	形勢理氣、精繪圖文
96	司馬頭陀地鉗	【唐】司馬頭陀	流傳極稀《地鉗》
97	欽天監地理醒世切要辨論	【清】欽天監	公開清代皇室御用風水真本
三式類			
98-99	大六壬尋源二種	【清】張純照	六壬入門、占課指南
100	六壬教科六壬鑰	【民國】蔣問天	由淺入深，首尾悉備
101	壬課總訣	心一堂編	過去術家不外傳的珍稀六壬術秘鈔本
102	六壬秘斷	心一堂編	
103	大六壬類闡	心一堂編	
104	六壬秘笈——韋千里占卜講義	【民國】韋千里	六壬入門必備
105	壬學述古	【民國】曹仁麟	依法占之，「無不神驗」
106	奇門揭要	心一堂編	集「法奇門」、「術奇門」精要
107	奇門行軍要略	【清】劉文瀾	條理清晰、簡明易用
108	奇門大宗直旨	劉毗	天下孤本　首次公開 虛白廬藏本《秘藏遁甲天機》
109	奇門三奇干支神應	馮繼明	
110	奇門仙機	題【漢】張子房	奇門不傳之秘　應驗如神
111	奇門心法秘纂	題【漢】韓信（淮陰侯）	
112	奇門廬中闡秘	題【三國】諸葛武侯註	
選擇類			
113-114	儀度六壬選日要訣	【清】張九儀	清初三合風水名家張九儀擇日秘傳
115	天元選擇辨正	【清】一園主人	釋蔣大鴻天元選擇法
其他類			
116	述卜筮星相學	【民國】袁樹珊	民初二大命理家南袁北韋
117-120	中國歷代卜人傳	【民國】袁樹珊	南袁之術數經典

占筮類			
121	卜易指南(二種)	【清】張孝宜	民國經典，補《增刪卜易》之不足
122	未來先知秘術——文王神課	【民國】張了凡	內容淺白、言簡意賅、條理分明
星命類			
123	人的運氣	汪季高(雙桐館主)	五六十年香港報章專欄結集！
124	命理尋源	【民國】徐樂吾	民國三大子平命理家徐樂吾必讀經典！
125	訂正滴天髓徵義		
126	滴天髓補註 附 子平一得		
127	窮通寶鑑評註 附 增補月談賦 四書子平		
128	古今名人命鑑		
129－130	紫微斗數捷覽(明刊孤本)[原(彩)色本] 附 點校本 (上)(下)	馮一、心一堂術數古籍整理編校小組 整理	明刊孤本 首次公開！
131	命學金聲	【民國】黃雲樵	民國名人八字、六壬奇門推命
132	命數叢譚	【民國】張雲溪	子平斗數共通、百多民國名人命例
133	定命錄	【民國】張一蟠	民國名人八十三命例詳細生平
134	《子平命術要訣》《知命篇》合刊	【民國】鄒文耀、【民國】胡仲言撰	《子平命術要訣》科學命理；《知命篇》易理皇極、命理地理、奇門六壬互通
135	科學方式命理學	閻德潤博士	匯通八字、中醫、科學原理！
136	八字提要	韋千里	民國三大子平命理家韋千里必讀經典！
137	子平實驗錄	【民國】孟耐園	作者四十多年經驗 占卜奇靈 名震全國！
138	民國偉人星命錄	【民國】囂囂子	幾乎包括所民初總統及國務總理八字！
139	千里命鈔	韋千里	失傳民初三大命理家-韋千里 代表作
140	斗數命理新篇	張開卷	現代流行的「紫微斗數」內容及形式上深受本書影響
141	哲理電氣命數學——子平部	【民國】彭仕勛	命局按三等九級格局、不同術數互通借用
142	《人鑑——命理存驗·命理擷要》(原版足本)附《林庚白家傳》	【民國】林庚白	傳統子平學修正及革新、大量名人名例
143	《命學苑苑刊——新命》(第一集)附《名造評案》《名造類編》等	【民國】林庚白、張一蟠等撰	史上首個以「唯物史觀」來革新子平命學結集
相術類			
144	中西相人探原	【民國】袁樹珊	按人生百歲，所行部位，分類詳載
145	新相術	【美國】李拉克福原著、【民國】沈有乾編譯	通過觀察人的面相身形、色澤舉止等，得知性情、能力、習慣、優缺點等
146	骨相學	【民國】風萍生編著	結合醫學中生理及心理學，影響近代西、日、中相術深遠
147	人心觀破術 附運命與天稟	【日本】管原如庵、加藤孤雁原著，【民國】唐真如譯	觀破人心、運命與天稟的奧妙

148	《人相學之新研究》《看相偶述》合刊	盧毅安	集中外大成，無不奇驗；影響近代香港相術名著
149	冰鑑集	【民國】碧湖鷗客	各家相法精華、相術捷徑、圖文並茂附名人照片
150	《現代人相百面觀》《相人新法》合刊	【民國】吳道子輯	失傳民初相學經典二種 重現人間！
151	性相論	【民國】余晉龢	民初北平公安局專論相學與犯罪專著（犯罪學生物學派）
152	《相法講義》《相理秘旨》合刊	韋千里、孟瘦梅	命理學大家韋千里經典、傳統相術秘籍精華
153	《掌形哲學》附《世界名人掌形》《小傳》	【民國】余萍客	圖文并茂、附歐美名人掌形圖及生平簡介
154	觀察術	【民國】吳貴長	可補充傳統相術之不足
堪輿類			
155	羅經消納正宗	【明】沈昇撰、【明】史自成、丁孟章合纂	失傳四庫存目珍稀風水古籍
156	風水正原	【清】余天藻	●積德為求地之本，形家必讀！
157	安溪地話（風水正原二集）		●純宗形家，與清代欽天監地理風水主張大致相同
158	《蔣子挨星圖》附《玉鑰匙》	傳【清】蔣大鴻等	窺知無常派章仲山一脈真傳奧秘
159	樓宇寶鑑	吳師青	陽宅風水必讀、現代城市樓宇風水看法改革
160	《香港山脈形勢論》《如何應用日景羅經》合刊		香港風水山脈形勢專著
161	三元真諦稿本——讀地理辨正指南	【民國】王元極	被譽為蔣大鴻、章仲山後第一人 內容直接了當，盡揭三元玄空家之秘
162	三元陽宅萃篇		
163	王元極增批地理冰海　附批點原本地理冰海	【清】高守中　【民國】王元極	
164	地理辦正發微	【清】唐南雅	極之清楚明白，披肝露膽
165-167	增廣沈氏玄空學　附　仲山宅斷秘繪稿本三種、自得齋地理叢說稿鈔本（上）（中）（下）	【清】沈竹礽	玄空必讀經典！附《仲山宅斷》幾種鈔本及批點本，畫龍點睛、披肝露膽，道中刊印本未點破的秘訣
168-169	巒頭指迷（上）（下）	【清】尹貞夫原著、【民國】何廷珊增訂、批注	圖文并茂：龍、砂、穴、水、星辰九十九變 洩漏天機：蔣大鴻、賴布衣挨星秘訣及用法
170-171	三元地理真傳（兩種）（上）（下）	【清】趙文鳴	蔣大鴻嫡派真傳張仲馨一脈二十種家傳秘本、宅墓案例三十八圖，並附天星擇日
172	三元宅墓圖　附　家傳秘冊		
173	宅運撮要	【民國】尤惜陰（演本法師）、榮柏雲	撮三集《宅運新案》之精要
174	章仲山秘傳玄空斷驗筆記　附　章仲山斷宅圖註	【清】章仲山傳、【清】唐鷺亭纂	無常派玄空不外傳秘中秘！二宅實例有斷驗及改造內容
175	汪氏地理辨正發微　附　地理辨正真本	【清】蔣大鴻、姜垚原著、【清】汪云吾發微	蔣大鴻嫡派張仲馨一脈三元理、法、訣具體泄露 三百年來最佳《地理辦正》註解！石破天驚！
176	蔣大鴻家傳歸厚錄汪氏圖解	【清】蔣大鴻、【清】汪云吾圖解	
177	蔣大鴻嫡傳三元地理秘書十一種批注	【清】蔣大鴻原著、【清】汪云吾、【清】劉樂山註	

178	《星氣(卦)通義(蔣大鴻秘本四十八局圖并打劫法)》《天驚秘訣》合刊	題【清】蔣大鴻 著	江西興國真傳三元風水秘本
179	蔣大鴻嫡傳天心相宅秘訣全圖附陽宅指南等秘書五種	【清】蔣大鴻編訂、【清】汪云吾、劉樂山註	蔣大鴻徒張仲馨秘傳陽宅風水「教科書」!
180	家傳三元地理秘書十三種		真天宮之秘　千金不易之寶
181	章仲山門內秘傳《堪輿奇書》附《天心正運》	【清】章仲山傳、【清】華湛恩	直洩無常派章仲山玄空風水不傳之秘
182	《挨星金口訣》、《王元極增批補圖七十二葬法訂本》合刊	[民國]王元極	秘中秘——玄空挨星真訣公開!字字千金!
183-184	《家傳三元古今名墓圖集附謝氏水鉗》《蔣氏三元名墓圖集》合刊(上)(下)	(清)孫景堂,劉樂山,張稼夫	蔣大鴻嫡傳風水宅案、幕講師、蔣大鴻、姜垚等名家多個實例,破禁公開!
185-186	《山洋指迷》足本兩種　附《尋龍歌》(上)(下)	【明】周景一	風水巒頭形家必讀《山洋指迷》足本!
187-196	蔣大鴻嫡傳水龍經注解　附　虛白廬藏珍本水龍經四種(1-10)	【清】蔣大鴻編訂、【清】楊臥雲、汪云吾、劉樂山註	蔣大鴻嫡傳一脈授徒秘笈　希世之寶 千年以來,師師相授之秘旨,破禁公開! 完整了解蔣氏嫡派真傳一脈三元理、法、訣! 附已知最古《水龍經》鈔本等五種稀見《水龍經》
197	批注地理辨正直解	【清】章仲山	無常派玄空必讀經典未刪改本!
198	《天元五歌闡義》附《元空秘旨》(清刻原本)		
199	心眼指要(清刻原本)		
200	華氏天心正運	【清】華湛恩	
201-202	批注地理辨正再辨直解合編(上)(下)	【清】蔣大鴻原著、【清】姚銘三再註、【清】章仲山直解	失傳姚銘三玄空經典重現人間! 名家:沈竹礽、王元極推薦!
203	章仲山注《玄機賦》《元空秘旨》附《口訣中秘訣》《因象求義》等九種合刊	【清】章仲山	近三百年來首次公開!　章仲山無常派玄空秘密,和盤托出! 章仲山注《玄機賦》及章仲山原傳之口訣及筆記
204	章仲山門內真傳《三元九運挨星篇》《運用篇》《挨星定局篇》《口訣篇》等合刊	【清】章仲山、柯遠峰等	
205	章仲山門內真傳《大玄空秘圖訣》《天驚訣》《飛星要訣》《九星斷略》《得益錄》等合刊	【清】章仲山、冬園子等	
206	撼龍經真義	吳師青註	近代香港名家吳師青必讀經典
207	章仲山嫡傳《翻卦挨星圖》《秘鈔元空秘旨》附《秘鈔天元五歌闡義》	【清】章仲山傳、【清】王介如輯撰	透露章仲山家傳玄空嫡傳學習次弟及關鍵不傳之秘
208	章仲山嫡傳秘鈔《秘圖》《節錄心眼指要》合刊		
209	《談氏三元地理大玄空實驗》附《談養吾秘稿奇門占驗》	【民國】談養吾撰	史上首次公開「無常派」下卦起星等挨星秘密之書
210	《談氏三元地理濟世淺言》附《打開一條生路》		了解談氏入世的易學卦德爻象思想
211-215	《地理辨正集註》附《六法金鎖秘》《巒頭指迷真詮》《作法雜綴》等(1-5)	【清】尋緣居士	集《地理辨正》一百零八家註解大成精華 匯巒頭及蔣氏、六法、無常、湘楚等秘本 史上最大篇幅的《地理辨正》註解
216	三元大玄空地理二宅實驗(足本修正版)	【民國】尤惜陰(演本法師)、榮柏雲撰	三元玄空無常派必讀經典足本修正版